財産分与や戸籍・親権の解決策がきちんとわかる

離婚すると決めたら読む本

ベリーベスト法律事務所

日本実業出版社

はじめに

この本を手に取った方の中には、現在の夫（もしくは妻）との結婚生活が我慢の限界で、離婚を覚悟している方や、少なくとも「離婚」というワードが頭をよぎったことのある方が多いかと思います。

昨今、日本は離婚件数が結婚件数の約３分の１の状態、つまり３組に１組が離婚する時代です。

もしかしたら、多くの既婚者の方が何らかの出来事がきっかけで一度は「離婚したい」と考えたことがあるのではないでしょうか。

しかし、「離婚したい」と思っても、さまざまな障壁があり、すぐには離婚できないものです。

また、そもそも本当に離婚してよいのか、離婚届を提出してから後悔することがないよう慎重な判断をする必要があります。

本書の構成は６つの章に分かれており、内容は以下のとおりです。

- 第１章では、離婚の種類とそれぞれの特徴・離婚理由について
- 第２章では、離婚のリスク・デメリット・注意点について
- 第３章では、別れる方法・手段について
- 第４章では、別れる前の事前準備について
- 第５章では、離婚とお金について
- 第６章では、子どもがいる場合に決めておくべきことについて

まずは、第１章と第２章を読んでいただき、離婚の手続きの種類・離婚理由、自身の状況を確認し、意思の確認も踏まえて本当に離婚

をすすめるか否かを考えてみてください。

　そのうえで第3章以降の、別れる場合の手段や事前準備、お金と子どものことなど具体的な内容をご覧ください。

　離婚は、精神的にも物理的にも多大な負担が伴います。
　しかし、離婚は人生の重大な決断ですので、本書を参考にしていただきしっかりと準備をしてすすめることをお勧めします。

　一人でも多くの方が安心して離婚手続きをすすめられるよう、心から願っています。

2019年9月

ベリーベスト法律事務所
執筆者代表　弁護士　日原聡一郎

※本書の内容は、2019年9月1日現在の法令等に基づいています。

財産分与や戸籍・親権の解決策がきちんとわかる
離婚すると決めたら読む本
◆目次◆

はじめに

第1章 「夫と別れたい」と思ったら

1-1 離婚ってどんな手続き？
◎離婚の種類は４つある ··· 10

(1)協議離婚 10 　　(2)調停離婚 10 　　(3)審判離婚 11

(4)裁判離婚 12

コラム 日本における離婚率の推移 14

1-2 どんな理由で離婚しているの？　その１
◎「性格の不一致」にもいろいろある ·· 16

(1)性格が合わない 16 　　(2)生活費を渡さない 18

(3)精神的に虐待する 18

1-3 どんな理由で離婚しているの？　その２
◎暴力はもちろん、不倫、浪費も ·· 20

(4)暴力を振るう 20 　　(5)異性関係 20 　　(6)浪費する 23

(7)家庭を捨てて省みない 24 　　(8)性的不調和 24

コラム シェルターって何？ 21

1-4 どんな理由で離婚しているの？　その３
◎婚姻関係が破綻するような飲酒、病気も ·· 26

(9)家族親族と折り合いが悪い 26 　　(10)酒を飲みすぎる 26

(11)病気 27 　　(12)同居に応じない 28 　　(13)その他 29

コラム うつ病と離婚の関係 28

第2章 離婚のリスク、デメリット、注意点

2-1 生活費はどうしたらいいの？
◎別居中はもらえても離婚するともらえなくなる ································ 32

⑴別居中の生活費は請求できる　32

⑵専業主婦の場合は仕事を探すのも重要　33

⑶離婚後の生活費は？　34　　⑷公的扶助は？　35

2-2　子どもへの影響を考える

◎人格形成や成長に少なからず影響を与える ················· 37

⑴転校しなければならない？　37

⑵片親になることで子どもの成長に影響が出ないの？　37

⑶私学や大学への進学に影響はするのか　40

⑷将来、就職への影響もある？　41

2-3　住宅についての疑問点

◎家賃負担や住宅ローンはどうなる？ ························· 42

⑴家賃は払ってもらえるの？　42

⑵いま住んでいる持ち家はもらえるの？　43

⑶住宅ローンの連帯保証は一生続く？　44

2-4　離婚後の名字はどうする？

◎自分と子どもで別姓を名乗ることもできる ················· 46

⑴名字はいまのままでも大丈夫　46

◆「離婚届」の記入例　48

◆「離婚の際に称していた氏を称する届」の記入例　50

コラム　離婚と世間体　52

第3章　夫と別れる方法

3-1　離婚の意思をどうやって伝える？

◎同意をとりつけるために、きちんと話し合う ················· 56

⑴夫が離婚の話をしてもとりあってくれないときは？　56

⑵離婚の意思を伝える機会を作る　57

3-2　条件を明確に伝える

◎離婚届だけ先に提出してしまうのは考えもの ················· 58

(1)離婚条件がまとまらないと話し合いは長引く　58

(2)財産分与や慰謝料にも時効がある　59

(3)決めるべき条件を整理し優先順位もつけておこう　59

3-3 別居する
◎離婚前に自分の気持ちを再確認する機会にもなる ……………………………… 61

(1)別居そのものが離婚の理由になる　61

(2)離婚後の生活を具体的に想像できる　62

3-4 協議が整わない場合の手続き　その1　離婚調停を行う
◎協議離婚できないなら、調停による離婚を検討する ……………………………… 63

(1)まず調停を行うように定められている　63

(2)離婚調停とはどういうものか　63

◆「離婚調停の申立書」の記入例　66

3-5 協議が整わない場合の手続き　その2　裁判手続き
◎調停で離婚できないときの最後の手段……………………………………………… 72

(1)裁判は調停が不成立になったときに行われる　72

第4章　夫と別れる前にやっておくべきこと

4-1 「別れたい」という気持ちは変わらないか
◎気持ちが絶対にブレないか自問自答してみる ……………………………………… 78

4-2 子どもがいる場合は親権を持ちたいか考えてみる
◎育てるために整えるべき条件はたくさんある ……………………………………… 79

> コラム　離婚したい～悩んだ場合の相談先　80

4-3 離婚後の生活をできる限り具体的に想像してみる
◎住まい、仕事、お金などを考えておく必要がある ……………………………… 81

(1)住まいはどうする？　81　　(2)仕事はどうする？　82

(3)自立が大切！　83　　(4)離婚後にもらえるお金　84

4-4 別れたい理由が「法定離婚事由」にあたるかどうかを確認する
◎相手が拒んでも裁判によって離婚できる可能性はある ·············· 85

(1)法定離婚事由とは　85　　(2)法定離婚事由の内容　86

(3)法定離婚事由にあたらない場合　90

4-5 共有財産を確認する
◎「特有財産」は財産分与の対象ではない ···························· 91

4-6 夫の収入を確認する
◎養育費算定の目安になるから同居中に把握しておく ·············· 93

4-7 証拠を収集、保全する
◎不倫、不貞、DV、モラハラを争うときの材料になる ·············· 94

(1)メールやSNSの記録　94　　(2)写真、画像や動画　95

(3)本人の不貞を認める発言等　95　　(4)その他の証拠　95

4-8 弁護士に相談する
◎事件解決の依頼でなくても話を聞いてもらえる ···················· 97

(1)弁護士に依頼するメリット　97

(2)依頼するなら離婚に強い弁護士に　98　　(3)弁護士の探し方　99

(4)弁護士とお金　100

第5章 離婚とお金について知っておくべきこと

5-1 婚姻費用とはどんなもの？
◎別居から離婚成立までの生活費は請求できる ···················· 104

(1)婚姻費用とは　104　　(2)婚姻費用の金額はいくらぐらい？　105

(3)婚姻費用を請求できる期間　105

(4)婚姻費用を請求する方法　108

　◆婚姻費用についての合意書の例◆　109

コラム 未成年の子どもがいるときの婚姻費用　106

コラム 離婚条件等を定めた書面は公正証書にすると良い　110

5-2 財産分与の方法と対象の資産
◎婚姻期間中に形成した財産を清算するのが目的だが… ·················· 112

(1)財産分与とは　112　　(2)財産分与の対象となる財産　113

(3)どの時点の財産が対象で、どの時点での価値で考えるか　113

(4)どんな割合で分与する？　114　　(5)財産分与の具体例　115

5-3 慰謝料を請求できる条件がある
◎精神的な苦痛と一定の有責な行為（不法行為） ··························· 120

(1)慰謝料とは　120

(2)慰謝料を請求できる場合とできない場合　120

(3)慰謝料の額はいくらぐらい？　120　　(4)慰謝料の時効　121

(5)第三者に対する慰謝料請求もできる　123

5-4 「年金分割」が認められている
◎夫の年金を婚姻期間に応じて受け取ることができる ····················· 124

(1)年金制度の基礎知識　124

(2)離婚するときの「年金分割制度」とは　127

(3)年金分割の請求方法　129

(4)年金分割に必要な「年金分割のための情報通知書」　130

　　◆「年金分割のための情報通知書」の例◆　131

　　◆「年金分割のための情報提供請求書」の記入例◆　132

　コラム　離婚と税金　136

第6章　子どもがいるときに決めておくべきこと

6-1 親権とはどんなもの？
◎今後も子どもと一緒に暮らすために知っておくべきこと ················ 138

(1)親権とはどのようなものか　138

(2)親権者の判断基準はどんなものか　140

　コラム　不倫した親でも親権者になれるの？　145

6-2 親権者になれないと子どもに会えないのか
◎離れて暮らす親子には「面会交流」が認められている ···················· 146

⑴面会交流とは　146　　⑵面会交流の決め方　147

⑶決めるべき内容　149

⑷約束した面会交流を守ってもらえないとき　150

⑸実際の交流にあたって気をつけること　150

コラム　面会交流は子どもの権利⁉　147

コラム　第三者機関の利用　151

6-3　子どもの養育費は親が請求するもの？

◎一般的に金額は「算定表」に基づいて決められる ·· 152

⑴養育費とは　152　　⑵養育費の金額はいくらぐらい？　152

コラム　習いごとや私立学校等の費用負担について　154

6-4　公的扶助にはどんなものがある？

◎全国共通でないものもあるので確認すること ·· 155

⑴児童手当　155　　⑵児童扶養手当　155

⑶母子家庭等の住宅手当　155

⑷ひとり親家庭等医療費助成制度　156

⑸母子父子家庭自立支援給付金事業　156

巻末資料

索引

カバーデザイン◎春日井恵実

本文DTP◎一企画

第1章

「夫と別れたい」と思ったら

　夫と別れたい。そう思ったときにまず考えるのは、どうやったら別れられるかということではないでしょうか。本章では、離婚はどのような手続きで進めていくのか、また、夫と別れたい理由としてどのようなものが多いのかについて、説明していきます。

1-1

離婚って
どんな手続き？

▶離婚の種類は4つある

　そもそも離婚するためには、どのように手続きを進めていけばよいのでしょうか。一口に「**離婚**」といっても、その中には、⑴協議離婚、⑵調停離婚、⑶審判離婚、⑷裁判離婚、という4つの種類がありますが、この4つの中からどれでも無条件に選べるというわけではありませんし、手続きもそれぞれ異なります。そこで、まずは離婚の種類とそれぞれの特徴を見ていきましょう。

⑴協議離婚

　離婚というのは、要は夫婦関係を解消することです。夫婦関係の解消というのは非常に私的なことですから、まずは夫婦で話し合って決めましょう、というところからスタートすることになります。このように、当事者である夫婦が、離婚するかどうか、離婚するとしてその条件をどうするか等を話し合って決める離婚のことを、「協議離婚」といいます。

　話し合って合意ができたら、離婚届に必要事項を書き入れて署名押印し、必要書類と一緒に役所に届け出ます。それが受理されれば、離婚が成立します。

⑵調停離婚

　夫婦で話し合い、話し合いがまとまればよいですが、なかには、どれだけ話し合っても、たとえば離婚をする・しないで決裂したり、離婚すること自体はお互いよしとしていても条件が合わなかったり

などで、話し合いでは決着がつかないこともあります。また、そもそも話し合いすらできないような状況の場合もあるでしょう。

　このように、協議では離婚できない場合には、家庭裁判所に、離婚調停を申し立てることになります。離婚調停は、正式には「夫婦関係調整（離婚）調停」といいますが、要するに、夫婦のうち離婚したいと考えている側が、夫婦の関係を終わらせたい（＝離婚したい）ので、そうなるように間に入って話し合いを調整してください、ということを裁判所にお願いする手続きです。当事者だけの話し合いとは違って、裁判所という中立の第三者に間に入ってもらって話し合いをするわけですから、第三者の冷静な視点やアドバイスを受けることができますし、相手方である夫と直接面と向かって話をするわけではないため、落ち着いて話をしたり考えたりしやすいという特徴があります。

　そして裁判所を介した話し合いを進めた結果、話し合いがまとまれば、その内容に従って調停が成立します。なお、話し合いのまとまり方については、離婚というまとまり方ばかりではなく、たとえば、当面別居するという形であったり、あるいは、やっぱりやり直しますという形に落ち着いたりする場合もあります。要は、**当事者である夫婦が合意した内容で調停は成立する**ということです。調停が離婚という内容で成立した場合、それによる離婚を「調停離婚」といいます。調停離婚の詳しい手続きの内容等については63ページに書いてありますので、そちらをご覧ください。

(3)**審判離婚**

　調停でうまく話がまとまればよいですが、やっぱり調停でもまとまらない、ということも当然あります。では、調停がまとまらない（＝調停不成立）となってしまったら、次の手続きはどうすればよいのでしょうか。

第1章 ◆「夫と別れたい」と思ったら　11

調停が不成立になってしまった場合、通常は、⑷で説明する裁判離婚という手続きに進みます。しかしながら、たとえば、お互いが離婚については同意しているのに、条件面の細かいところがわずかな差で折り合えない、といったような場合に、裁判所が、離婚とそれに関する条件を決めて、審判という判断を出すことがあります。これによって成立した離婚が「審判離婚」です。

　もっとも、この審判は、当事者のどちらか一方でも、審判が告知された日から2週間以内に異議を申し立てれば効力を失ってしまいます。このように効力が非常に弱いものですので、離婚の手続きで審判が利用されることは非常に稀です。

⑷裁判離婚

　調停が不成立になってしまった場合、あるいは審判が出されたけれど異議が申し立てられた場合には、裁判で決着をつけましょう、ということになります。要は、離婚したいと考えている側が、離婚を認めてくれと裁判を起こすわけです。

　では、そうやって裁判を起こされた裁判所は、何をもって、この夫婦を離婚させていいかどうかを決めるのでしょうか。それにあたって最も重視されるのが、法律に定められている離婚原因（これを「法定離婚事由」という）があるのかどうかということです。法定離婚事由がどういうものなのかというと、①不貞行為、②悪意の遺棄、③3年以上の生死不明、④強度の精神病にかかり回復の見込みがないこと、⑤その他婚姻を継続し難い重大な事由があること、の5つになります。

　そして、裁判を進めていった結果、この法定離婚事由があるということになれば、当事者のどちらかがいくら「離婚したくない」といっていても、基本的に、裁判所は離婚を認めるという判決を出すことになります（なお、「基本的に」といっているように、例外も

◆離婚の流れ◆

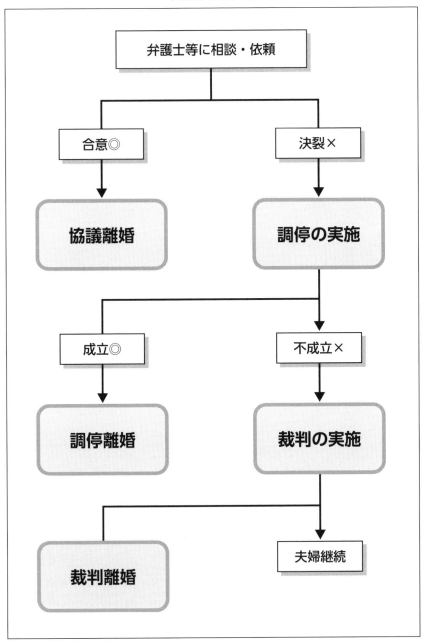

第1章 ◆「夫と別れたい」と思ったら　13

ある)。このように、判決で認められて成立する離婚のことを、「裁判離婚」といいます。

なお、日本では三審制をとっていますので、家庭裁判所での判決（第一審判決）に不服があれば、高等裁判所に控訴することができますし、その結果にも不服があれば、最高裁判所に上告をすることもできます。ただし、上告には厳しい理由の制限がありますので、それをクリアする必要があります。

裁判離婚の詳しい手続きや、法定離婚事由の内容等については、72ページや85ページに詳しく書いてありますので、そちらをご覧ください。

 日本における離婚率の推移

　日本の離婚率はおよそ3分の1とよくいわれています。

　ですが、いざ自分の周りを見てみると、「いや、そんなに離婚していないよね…？」と思う方が大半ではないでしょうか。

　では、その「3分の1の離婚率」とはいったいどこから来たものなのでしょう。統計的なところをちょっと見ていきましょう。

　さて、この「3分の1」という離婚率は、ある1年間に離婚に至った夫婦の数を、その1年間で結婚したカップルの数で除すことによって導かれています。分母となる「既に結婚している夫婦の数」が大きくなればなるほど離婚率は低くなるのですから、「ある1年間に結婚した夫婦の数」のみを分母とすれば、離婚率が高くなるのは当然といえます。たとえば、平成28年で見ると、1年間の婚姻数は62万0531件、離婚数は21万6798件ですので（出典：厚生労働省平成29年人口動態統計の年間推計）、これだけで単純計算すれば、

21万6798件÷62万0531件≒0.349（約34.9%）
となります。

　ところが、「離婚率」といわれたときに思い浮かぶのは、恐らく「いままでに結婚したカップルのうち、離婚してしまったカップルはどれくらいなのか」ということではないでしょうか。そうすると、先ほど述べた計算だとちょっと違う、と感じるのではないかと思います。たとえば、平成10年に結婚したカップルが平成30年までにどれくらい離婚しているのかといった統計をとれば、ある程度正確な離婚率というものがわかるのかもしれませんが、いまのところ、そのような統計方法は行われていない、というのが現状です。

　ですので、「3分の1」という離婚率は、確かに、対象とした「とある1年の」という限定的な意味では間違いというわけではないのかもしれませんが、離婚の実態かといわれると決してそうではない数字、ということになり、本当の離婚率はもっと低くなると思われます。

第1章 ◆「夫と別れたい」と思ったら　15

1-2

どんな理由で離婚しているの？
その１

▶「性格の不一致」にもいろいろある

　ではそもそも、「夫と別れたい」と思う理由として、どのような
ものがあるのでしょうか。もちろん事情は人それぞれですし、「別
れたい」理由も１つだけとは限りませんが、妻が離婚調停を申し立
てるときの動機として挙げているものは下表のとおりです。多い順
に１つずつ見ていきましょう（出典：平成29年司法統計）。

◆離婚を申し立てる動機◆

⑴性格が合わない ⑵生活費を渡さない ⑶精神的に虐待する	16〜19ページを参照
⑷暴力を振るう ⑸異性関係 ⑹浪費する ⑺家庭を捨てて省みない ⑻性的不調和	20〜25ページを参照
⑼家族親族と折り合いが悪い ⑽酒を飲みすぎる ⑾病気 ⑿同居に応じない ⒀その他	26〜29ページを参照

⑴性格が合わない

　統計を取り始めた1977年以降、一貫して、妻が離婚調停を申し立

16

てた動機の1位の座にあり続けています。やはり結婚生活を続けていくうえで、性格の一致は最も重要といえるようです。

　ただ、この統計の調査方法が最大3つを選択する方式なので、この結果をもって、離婚の多くは性格の不一致が決め手であるとまでは必ずしもいえません。そもそも、性格が合わない＝性格の不一致という一言の中には、様々な意味が含まれています。たとえば、ただ単に一緒にいることが苦痛だと感じるケースでも性格の不一致という表現を使いますし、会話がスムーズに成り立たない場合にも性格の不一致というでしょう。また、性の不一致なども、便宜上性格の不一致という表現を使うこともありますし、育児の方針の違いを性格の不一致にするケースもあることでしょう。その意味では、以下に挙げる(2)～(12)のような具体的な動機には完全に当てはまらないかもしれないけれど、何となく「これは性格が合わないということだよね」と感じられるものは、ほとんどがこの「性格が合わない」という一言に集約される、ということになります。

　このように、「性格が合わない」というのは、その中に色々な要素を含む非常に幅広いものですから、複数選択方式では選ばれやすく、そのため、もし離婚したい動機を1つだけ選択する方式に変更すれば、順位が下がる可能性はあるのではないかと思います。

　なお、性格が合わないことが直ちに法定離婚事由（85ページを参照）にあたるということはありません。ですので、性格が合わないことを理由に離婚したい場合には、基本的に、話し合い（協議）や調停で離婚を成立させることになります。

　ただ、性格が合わない結果、夫婦関係が破綻し、修復不可能な状態に陥った場合には、法定離婚事由にあたる場合もあるでしょう。そのような場合であれば、仮に裁判にまで発展してしまっても、離婚が認められることになります。

第1章 ◆ 「夫と別れたい」と思ったら　17

(2)生活費を渡さない

　一言で「生活費を渡さない」といっても、その理由は様々です。たとえば、夫がギャンブル等で浪費していることで生活費を渡さないということもあれば、失業等のため渡したくても渡せないということもあるでしょう。

　詳しくは第5章に譲りますが、夫婦は、それぞれの資産や収入等の事情を考慮して、「婚姻から生ずる費用」、簡単に言えば配偶者の生活費や未成熟な子どもの生活費を分担し合うことが当然とされていますから、「生活費を渡さない」理由が前者のようなものであれば、法定離婚事由が認められやすいといえるでしょう。

(3)精神的に虐待する

　いわゆるモラルハラスメント（略して「モラハラ」ともいう）夫のことです。典型例として、妻を侮辱したり、妻に対して怒鳴り散らしたり、すべて妻のせいにして細かいことを何でもくどくどと口を開けば文句ばかり、といったケースがあります。

　このような精神的な虐待も、修復不可能なほど妻を追い込めば、法定離婚事由が認められることが多いでしょう。

　さて、この「モラルハラスメント（モラハラ）」という単語ですが、昨今よく聞かれるようになっていると思います。では、このように一言で「モラハラ」といっても、それはいったいどういう意味で、具体的にはどのような行為をいうのでしょうか。いざそう問われると、「そう言われてみればモラハラってどういう意味？」、「何がモラハラにあたるのだろう？」と首を傾げる方が多いのではないでしょうか。

　そもそも、「モラル」は「倫理」や「道徳」、「ハラスメント」は「嫌がらせ」という意味ですから、「モラルハラスメント」とは、「倫理や道徳に反した嫌がらせ」という意味合いになります。別の言い

方をすれば、「精神的な暴力等による嫌がらせ」ともいえます。

　ですが、実際に夫から精神的苦痛を受ける行為をされていても、その行為がモラハラにあたるかどうかは微妙な場合もあります。そのため、モラハラにあたるのかどうかの判断は意外と難しいところがありますが、一般的には、以下のような場合にはモラハラにあたるといえるでしょう。「もしかして…？」と思うようなことがあれば、注意してください。

◆モラハラとはどういうもの？◆

①言葉で責め立てる
「お前は最低な人間だ」、「俺がいないと何もできない」、「お前の相手なんかするのは俺くらいのものだ」等と言い続けて妻を貶める

②細かいミスを執拗に責める
物の買い忘れ、ごみの出し忘れなど些細なことでも決して許さず、何時間も相手を責めたり、説教を続ける

③常に正しいのは自分で、間違っているのは妻、という言動
妻には絶対に謝らず、明らかに自分が間違っていても認めないどころか「お前が悪い」などと妻を責め立てる

④妻の行動をとにかく否定する
好物を作っても、「なんだこんなもの」、「お前の作る料理はまずい」などといったり、妻が誰かに褒められたと喜んでいれば、「お世辞に決まっているだろう、そんなこともわからないお前は馬鹿だ」等と、とにかく妻を否定する

⑤嘘をついて妻を貶める
「うちの妻は全く家事ができなくて…」などと平気で嘘を吹聴する夫に騙されて、周りの人まで妻を厳しい目で見たり、ときには夫と一緒になって妻を貶める

⑥妻を異常に束縛する
●妻が家にいるかどうかを確認するため、昼間に何度も家に電話する
●メールにすぐに返信しなかったり、携帯に出なかったりすると「何をしていたんだ！」と怒り狂う
●妻の1日のスケジュールを時間単位で作成し、「このとおりに行動しろ」などと命令する
●妻が実家に帰ることが気に入らず、妻が両親の葬儀に出ることすら嫌な顔をする
このように、妻を異常に束縛し、支配下に置こうとする

第1章 ◆「夫と別れたい」と思ったら　19

1-3

どんな理由で離婚しているの？
その2

▶暴力はもちろん、不倫、浪費も

⑷暴力を振るう

　近年、ドメスティックバイオレンス（略してDV）が社会的な問題となっています。DVとは、要するに、親密な関係にある（あるいはあった）パートナーの一方から、他方パートナーに対して振るわれる暴力、ということです。

　暴力も、たとえば喧嘩の末、カッとなって一度だけ手を上げてしまうということもあれば、何度となく、日常的に繰り返される場合もあるでしょう。ですが、暴力を振るわれたほうにしてみれば、それがカッとなった末の一度きりのものであろうが日常的なものであろうが、痛みもショックも計り知れません。

　たとえ一度きりの暴力であったとしても、その程度によっては一発レッドカードで法定離婚事由にあたることがあります。また、反対に、たとえ軽い暴力であったとしても、それが日常的に行われれば、法定離婚事由にあたるといえるでしょう。反対に、そのような観点で言えば、喧嘩の弾み程度の軽いものであれば、やはり法定離婚事由とまでは認められにくいでしょう。

⑸異性関係

　夫が不倫している、浮気している。そんなときに選ばれるのがこの理由ですが、それが法定離婚事由にあたるといえるためには、まず、それが「不貞行為」、すなわち「配偶者のある者が、自由な意思に基づいて配偶者以外の異性と性的関係を持つこと」にあたるこ

コラム シェルターって何？

　「夫からＤＶを受けているから逃げたい…」。そんなときに緊急避難場所になるのがシェルターです。ＤＶから逃れてきた被害者を一時的に保護してくれる施設で、公的なものもあれば、民間のものもあります。シェルターへの入所は、配偶者暴力相談支援センターや福祉事務所を通じて、あるいはこれらの機関から紹介されてなされることが多いので、もしシェルターへの入所を希望するのであれば、これらの機関に相談や問い合わせをしてください。

　シェルターには子どもを連れて行くこともできますが、性別や年齢によっては一緒に入所できないこともありますので、注意が必要です。ですがその場合、状況に応じて、母子支援施設の利用であったり、子どもだけ児童相談所の一時保護を受けたりなど、親子ともども一時避難する方法がないわけではありません。ですので、シェルターへの入所を相談等する際に、この点についても一緒に相談したり、事前に児童相談所に問い合わせたりするとよいでしょう。

　なお、シェルターはＤＶ被害者の緊急避難所ですので、万が一にもＤＶ加害者に見つかったりすることのないように、どうしても、外部との接触や入所中の生活等をある程度制限されてしまうことは否めません。入所中に不便や不満等を感じることも当然あるでしょう。ですが、自分や子どもの生命や身体を守るため、一刻も早く逃げ出さなければならないこともあります。そのような場面が来ないことが一番ですが、もしそのような場面になってしまったときに、一時的とはいえ安全に緊急避難することができる場所があることを覚えておいてください。

第1章 ◆「夫と別れたい」と思ったら　21

とが必要です。詳しくは86ページに譲りますが、1回程度の過ちでは認められにくく、ある程度の継続性が必要と考えておいてください。

　また、たとえその異性との関係が「不貞行為」にはあたらなくとも、社会的に相当といえる範囲を逸脱した交際が続き、それが原因で夫婦関係が破綻したような場合には、法定離婚事由にあたるといえるでしょう。

　それでは逆に、夫ではなく自分に他の男性ができた場合はどうなのでしょうか。夫がいるのに他の男性と男女の関係になってしまった。あるいは、その一歩手前くらいの交際はしてしまっている。もう夫にも愛想が尽きたし、夫と別れてその男性と新しい生活を送りたい。もしかしたら、そのように考えている方もいるかもしれません。

　ですが、自分が「不貞行為」をした張本人であったり、他の男性との不適切な交際によって夫婦関係を破綻させた張本人である場合には、自分自身が法律上の離婚原因を作り出しているわけですから、原則として、裁判所は離婚を認めてくれません。たしかに「不貞行為」は法定離婚事由の1つですが、「不貞行為」で婚姻関係を破綻に追い込んだ張本人が、それを理由に自由に離婚できるとしてしまうと、他方配偶者は踏んだり蹴ったりですし、そのような結論は社会正義に反します。ですので、裁判所は、有責配偶者からの離婚請求は、原則として認めていないのです。

　そうなると、もし自分が有責配偶者である場合、離婚を成立させるためには、夫と話し合って離婚に応じてもらうか、あるいは、裁判所がそれでも離婚を認めてくれるような「例外」的な状況にあてはまる必要がある、ということになります。

　それでは、裁判所が有責配偶者からの離婚請求を認めてくれる「例外」的な状況とは、いったいどういった状況なのでしょうか。その

条件については、最高裁判所が示してくれています。具体的には、

①　夫婦の別居が相当長期に及んでいること

②　夫婦間に未成熟の子どもがいないこと

③　離婚によって相手方配偶者が精神的・経済的に苛酷な状況におかれないこと

の３つの条件をすべて満たした場合には、有責配偶者からの離婚請求であっても例外的に認める、とされています。

　ですから、仮に有責配偶者からの離婚請求であっても、条件をすべて満たせば、裁判所は例外的に離婚を認めてくれますので、夫との交渉次第では、裁判になる前に話し合いで離婚に応じてくれる余地がまったくないわけではありません。もちろん、夫が何を主眼にしているか等によっても変わってきます。たとえば、協議で早期の離婚に応じる代わりに財産面等での条件交渉を、と考える夫であれば、これら３つの条件を満たすまで待たなくても、協議で離婚を成立させることができる可能性もあるでしょう。

　なお、**この「有責配偶者からの離婚請求は原則として認められない」という考え方は、不貞行為だけではなく、他の離婚原因についても同様のことがいえますので、留意してください。**

⑹**浪費する**

　浪費と一言でいっても、たとえばギャンブルだったり、飲み代だったり、はたまた見栄や趣味のための高級品に大枚を費やしたりと、色々なケースがあります。いずれのケースであっても、一度ついた浪費癖はなかなか治りませんし、それが夫に愛想をつかす原因にもなりやすいものです。

　ですが、たとえば、収入からするとその支出は特に問題となるような額ではなく、生活費もしっかりと入れていたりするような場合には、いくら夫が高額な買い物や支出をしていたとしても、それだ

第1章 ◆「夫と別れたい」と思ったら　23

けでは離婚の請求は認められにくいでしょう。浪費を理由に離婚をしたい場合、それによって婚姻関係が破綻してしまっているということが必要になります。

⑺家庭を捨てて省みない

　正当な理由なく頻繁に家を空け、家族で過ごすことや家事をすることはまずないというようなケースがこれにあたります。

　これも、ストレートに法定離婚事由にあたるものではありませんので、このことを理由に離婚が認められるかどうかは、程度問題ということになります。

⑻性的不調和

　性的不調和にもやはり様々なケースがあります。たとえば、性交不能や性交拒否、性欲異常、性的潔癖、性的嗜好異常、同性愛等です。

　結婚生活において、性生活はやはり重要な要素となるものですから、この点で不調和があれば、場合によっては離婚が認められることもあります。たとえば、高齢や病気による性交不能の場合は離婚の請求は認められにくいと思いますが、愛情がない結果として性交渉がない場合や、性交不能を隠して結婚した場合、性的嗜好が異常な場合等については、認められる傾向にあります。

　また、セックスレスの場合も、程度等によっては離婚が認められることがあります。

　セックスレスは、「特殊な事情が認められないにもかかわらず、カップルの合意した性交あるいはセクシャル・コンタクトが一ヶ月以上なく、その後も長期にわたることが予想される場合」（日本性科学会）をいいますが、たとえ定義上セックスレスにあたる場合であっても、夫婦がどちらもそのことに不満がなければ、このことが

結婚生活上問題になってくることはないでしょう。問題は、夫婦の少なくともどちらかが、セックスレスであることに不満を持っている場合です。そのような場合、不満を持っている側が浮気したり、離婚を切り出してきたり、といった問題に発展することも予想されます。もちろん、全員が全員、浮気に走るというわけではないでしょうが、少なくとも、夫婦仲が悪化する1つのきっかけになってしまう可能性は否定できません。

　では、そのような事態を避けるためにはどうすればよいのでしょうか。もちろん、1人ひとり考え方や価値観、置かれた状況等も違うわけですし、セックスレスの原因も夫婦によって千差万別ですから、この問題について唯一の正解というものは存在しません。ですが、1つの方法として、少なくとも、お互い感情的にならずに話し合う、ということは有用なのではないでしょうか。お互いが冷静になって、セックスレスの原因は何なのか、セックスについてどう考えているのか、等々。そんな会話を重ねることでみえてくることも多いのではないかと思います。また、そもそもセックスレス以前に会話そのものすらレスだった、というケースも多いでしょう。そのような場合にはなおさら、会話を重ねることで色々なことがみえてくるのではないかと思います。

第1章 ◆ 「夫と別れたい」と思ったら　25

1-4

どんな理由で離婚しているの？
その３

▶婚姻関係が破綻するような飲酒、病気も

⑼家族親族と折り合いが悪い

　結婚することにより、多くの場合、夫の親や夫の兄弟姉妹、親戚とも、多かれ少なかれ、ある程度の親戚付き合いのようなものをしなければならなくなります。これがたとえば、昔から家族ぐるみ・親戚ぐるみで付き合いのあった相手と結婚したというような場合であればともかく、そうでもなければ、通常、夫の親をはじめとした親族・親戚は、夫との結婚という出来事がきっかけになって初めて付き合う人たち、ということになるでしょう。そうすると、場合によっては、仮にどちらが悪いということではなくとも、波長が合わなかったり、気が合わなかったりすることもあるかもしれません。いまの時代は、昔と比べると親世代との同居も減ったので、その分、いわゆる嫁姑問題は減ってきてはいますが、同居はしていなくとも、やはりある程度の親戚付き合いは避けて通れないことがほとんどでしょうから、どうしても問題が起こることはあります。

　ですが、いざ離婚という観点でみると、単に折り合いが悪いというだけでは離婚の請求は認められません。たとえば、夫の親からモラハラ等を受けているのに夫がそれを知りつつ親の肩を持ち、それが原因で婚姻関係が破綻してしまった場合などであれば、離婚の請求が認められることになるでしょう。

⑽酒を飲みすぎる

　夫の飲酒が離婚を考える動機になることもあります。この場合、

26

飲酒自体が問題というより、過度な飲酒の結果として引き起こされる、暴力や暴言、浪費、トラブル、すさんだ生活等が問題となるケースが多いようです。

　飲酒それ自体が法定離婚事由にあたるわけではありませんので、たとえば、長々と毎日晩酌しているのが嫌だという程度では離婚の請求は認められません。しかしながら、飲酒しての酷い暴力や暴言が常態化していたり、夫婦生活の破綻を招いたりしていれば、離婚の請求は認められるでしょう。

⑪病気

　人間である以上、誰しも病気になる可能性はありますし、その病気も、命にかかわるような重篤なものもあれば、そうではないものまで様々です。夫が患ったのがちょっとした病気程度であればともかく、そうではない重篤な病気の場合、夫のことが心配になるのはもちろんでしょうが、やはり現実問題として、万が一、夫がかかったのが不治の病気だったり、治るまでに時間も負担も大きい病気だったら、夫を支えていけるのか、あるいは、今後の生活はどうなるのか等々、色々と不安になり、悩むことも当然あるでしょう。追い詰められて、もうこれ以上頑張れないという状態になってしまうことだってあり得ます。そうすると、夫の病気というのも、場合によっては離婚を考える1つの動機になり得ます。特に、その病気というのが精神的な病である場合には、なおさらではないでしょうか。

　詳しい説明は85ページに譲りますが、法定離婚事由の1つに「配偶者が強度の精神病にかかり、回復の見込みがないとき」というものがありますので、これに該当する場合には、原則として、離婚が認められることになります。ただし、「原則」というからに、離婚が認められない「例外」もありますし、特にこの離婚事由の場合には「例外」が相当広範ですので、留意してください。

第1章 ◆「夫と別れたい」と思ったら　27

コラム うつ病と離婚の関係

　「ある日夫がうつ病になってしまった。妻として懸命に支えたけれど、一向に快方に向かわず、もう限界…」。なかには、そんな経緯で離婚を考える方もいらっしゃるでしょう。では、そもそも夫のうつ病を理由に離婚が認められるのでしょうか。

　まず、うつ病であっても重篤なものではなく、本人に意思能力（自分がした行為の結果を判断できる精神的能力のこと）があって、なおかつ、本人が離婚に同意すれば、当事者間の合意で離婚することは可能です。

　では、それができない場合にはどうでしょうか。この場合、裁判離婚の方法によることになりますが、裁判離婚で離婚が認められるのかどうかは、その症状や診断によります。

　うつ病も精神病の一種ですから、まず、「強度の精神病にかかり回復の見込みがない」といえるかどうか、という話になりますが、過去の裁判例をみると、やはりなかなか難しいと言わざるを得ないというのが現実です（詳しくは89ページを参照してください）。

　ただ、うつ病によって、夫がＤＶを行うケースや、夫が働けなくなってしまった場合、あるいは夫婦の営みがなくなってしまったケースなどでは、「婚姻を継続しがたい重大な事由」（民法770条１項５号）に相当するものとして、うつ病でも離婚できる可能性もあるでしょう。

⑿ 同居に応じない

　ある日突然夫が出て行ってしまい、それきり戻ってこない。そんな夫とは別れたくもなるでしょう。では、同居に応じないことが法

定離婚事由にあたるのでしょうか。

　夫婦は、同居して互いに協力し、扶助しなければならないとされています（民法752条）。とはいえ、単に形式的に「同居していない」というだけで同居義務違反になるかというと、そういうわけではありません。同居していないこと（＝別居していること）に正当な理由があれば、それは同居義務違反にはならないのです。ここで言う「正当な理由」とは、要は、別居がやむを得ないと客観的にいうことができる理由、ということになりますが、具体的に言うと、夫のＤＶやモラハラを避けるための別居や、夫の不貞を原因とする別居、別居について同意が得られたような場合などが、これにあたります。

　このような正当な理由なく同居に応じない場合、その他の事情も含めての総合的な判断にはなりますが、場合によっては法定離婚事由になることもあり得ます。

⒀その他

　これまで具体的な12個の動機を挙げてきましたが、「これらのなかにはないかも…」という人もいるでしょう。その場合に選ばれるのが、この「その他」という動機です。「12個も具体的な動機があればそのどれかは選べそう」と思うかもしれませんが、やはり夫婦の事情は千差万別ですし、「性格の不一致」以上に広範な動機でもありますので、意外と「その他」が選ばれています。数的なところで言うと、実は⑸の異性関係と⑹の浪費の間の数値です（「平成29年司法統計」による）。ただ、「その他」というだけあって、その具体的な中身については様々でしょう。

第1章 ◆ 「夫と別れたい」と思ったら　29

第2章

離婚のリスク、デメリット、注意点

　第1章では、離婚するための手続きや離婚の理由について説明しました。しかし、いざ離婚のための手続きを進めようと思っても、生活への影響や子どもへの影響は無視することができません。本章では、離婚することのリスクや注意点について、説明したいと思います。

2-1

生活費は
どうしたらいいの？

▶別居中はもらえても離婚するともらえなくなる

　離婚が成立する前に夫と別居している人は多いですが、そうではない人でも離婚後は別居することになるでしょう。自分の収入がある程度ある人は気にする必要はないかもしれませんが、夫の収入を中心に生活してきた人にとっては、別居するときにまず心配になるのは生活費です。

(1)別居中の生活費は請求できる

　夫と別居した場合、夫に対して生活費を請求することはできるのでしょうか。

　民法上、夫婦は互いに協力し扶助しなければならいとされています（民法752条）。また、夫婦は、その資産、収入その他一切の事情を考慮して、婚姻から生ずる費用を分担しなければなりません（民法760条）。このような夫婦間の義務を、「**扶養義務**」とか「**婚姻費用の分担義務**」などといいます。

　そのため、夫婦である以上は、たとえ別居していても、収入がより高い人は配偶者や子どもにかかる生活費を支払わなければなりません。夫と別居して、夫のほうが高収入である場合には、夫に生活費を請求することができるでしょう。

　もっとも、妻のほうが高収入である場合や、夫が子どもを扶養しているような場合には、逆に婚姻費用を支払わなければならない可能性もあります。

　どのように別居を開始するかにもよりますが、まずは夫に必要な

生活費の金額を伝えて、支払いを求めるのが通常でしょう。自分では請求しづらいということであれば、弁護士に依頼して請求することも検討したほうがいいかもしれません。夫が任意の支払いに応じてくれなければ、調停や審判の手続きをとる場合もあります。

(2)専業主婦の場合は仕事を探すのも重要

　では、生活にかかる費用のすべてを請求することができるのでしょうか。自分の生活費だけであればともかく、子どもがいる場合には、その分の食費なども多くかかりますし、教育費もかかるでしょう。また、小さい子どもがいる場合には、働こうと思ってもフルタイムで働くことは難しく、十分な収入を得ることができないということもあります。

　しかし、残念ながら必ずしも生活費のすべてを請求できるわけではありません。婚姻費用の分担義務は、自分の生活を保持するのと同程度の生活を相手方にも保持させる義務だと考えられていますので、夫婦双方の収入や子どもの有無・人数・年齢などに応じて、相当な金額を請求できるに過ぎないのです。

　たとえば、給与所得者である夫の年収が500万円、同じく給与所得者である妻の年収が100万円、5歳の子どもがひとりいるという状況で妻が子どもを連れて夫と別居した場合に、妻が夫に請求できる婚姻費用は、8万円から10万円程度とされています。妻自身の収入も併せれば生活が成り立たないということはないでしょうが、十分な金額とは言い難いのではないでしょうか。

　実際の事件のなかでも、「こんな金額では生活できない」という声を耳にすることがあります。また、支払ってくれるとしても、いつか支払いが止まってしまうかもしれません。専業主婦の方は特に、別居をする際には仕事を始めることや、実家などさほど生活費がかからない場所で生活することを検討する必要があります。

第2章 ◆ 離婚のリスク、デメリット、注意点　33

婚姻費用の金額や請求方法については、第5章でより詳しく説明します。

(3)離婚後の生活費は？

ここまでみてきたとおり、基本的に婚姻期間中の生活費は請求できます。では、離婚後はどうなるのでしょうか。

離婚後は、夫婦間の扶養義務はなくなりますので、妻自身の生活費は請求できなくなってしまいます。もっとも、夫の子どもに対する養育費の負担義務は存続しますので、離婚して子どもの親権者となった場合には、養育費を請求できます。

養育費についての詳しい説明は第6章に譲りますが、養育費は子どもの生活や教育にかかる費用のみであるため、婚姻費用に比べて低額となってしまいます。

離婚を考える際は、自分の収入としていくら程度が見込めるのか、養育費をいくら程度支払ってもらえそうなのかを考え、生活を成り立たせることができそうなのかを見極めるようにしましょう。

(4)公的扶助は？

　離婚後にひとり親家庭となる場合、国や市区町村の制度によって、さまざまな手当を受け取ることや税金等の負担を免除してもらえる可能性があります。

　ひとり親家庭であることを要件としないものも含め、受け取れる可能性があるお金としては、色々なものがあります。

　代表的なものが児童手当や児童扶養手当です。

　児童手当は、ひとり親かどうかにかかわらず、中学校修了までの児童1人について月額1万5000円または1万円が支給される国の制度ですが、所得制限があって、世帯で一定以上の所得があると受け取ることはできません。

　また、児童扶養手当は、18歳に達して最初の3月31日までの子どもがいるひとり親に支給される国の制度です。支給額は所得に応じて異なり、所得制限以下の場合、たとえば子ども1人であれば4万2910円、2人目には1万0140円が加算されます。

　その他、住宅や医療費を助成する制度もありますが、詳しくは155ページで説明しているので、そちらを参照してください。

　また、手当や助成金のほかにも、支出を減らすことができる減免制度もあります。まとめると次ページの表のようになります。

第2章 ◆ 離婚のリスク、デメリット、注意点　35

◆各種減免制度◆

名　　　　称	内　　　　容
寡婦控除	夫と死別したり離婚した女性等（寡婦）が、一定の金額の所得控除を受けることができる制度。確定申告や年末調整の際に手続きを行うこと。
国民健康保険料の軽減	ひとり親家庭に限られるものではないが、所得に応じて国民健康保険料の軽減を受けられる場合がある。地方自治体によって軽減の程度や申請方法が異なるので、詳細は市区町村にお問い合わせのこと。
国民年金保険料の減額・免除	国民健康保険料と同様に、ひとり親家庭に限られるものではないが、所得に応じて国民年金保険料の減額や免除を受けられる場合がある。市区町村役場の国民年金担当窓口に申請することができる。

　婚姻費用や養育費の額が不十分な人は、これらの制度を積極的に活用するようにしてください。

2-2

子どもへの影響を考える

▶人格形成や成長に少なからず影響を与える

　夫と婚姻生活を続けることは困難という場合でも、子どもがいると、離婚は夫婦だけの問題ではありません。子どもにどのような影響があるのか、みていきましょう。

⑴転校しなければならない？

　あなたが子どもを連れて別居や離婚した場合には、転居先によっては、それまで通っていた学校や保育園・幼稚園に通うことが困難になってしまい、転校したり転園したりする必要があるかもしれません。

　転校・転園することとなれば、友達と離ればなれになってしまいますから、子どもに与える影響は重大なものです。

　実際に、離婚はしたいが子どもが大きくなるまではと考え、我慢し続けている人もいるくらいです。また、離婚することをいつ、どのように子どもに伝えるかということも悩ましいところでしょう。

　離婚や別居を考える際は、転校・転園をせざるを得ないかどうか、子どもの年齢、子どもの意向、今後の進学の予定などの事情から、より影響の少ない方法や時期を考えるようにしましょう。

⑵片親になることで子どもの成長に影響が出ないの？

　一般に、離婚が子どもに影響を与える可能性がある事項として、以下のようなものが挙げられています。ただし、当然のことながら、個人差があるので、以下のものが必ず生じるわけではないですし、

第2章 ◆ 離婚のリスク、デメリット、注意点　37

逆に、これら以外の影響も考えられるので、ご注意ください。

①「捨てられる恐怖」を感じることもある

　離婚には様々な理由があるでしょう。ただ、子どもからすれば、一方の親とは離れて生活することになるため、「自分は捨てられてしまったのではないか」と感じてしまうことがあります。

　また、一度離婚という出来事を体験してそのような思いを抱いてしまうと、一緒に暮らすことになったほうの親からもいつか捨てられてしまうかもしれないという恐怖感を抱いてしまうこともあるようです。

　自分が子どもを監護する場合には、愛情があることを伝えたり、きちんと夫と子どもとの面会交流をさせるなど、子どもの心情に配慮した行動を心がけられると良いのではないでしょうか。

②成績が悪くなる可能性がある

　「捨てられる恐怖」を感じてしまうほか、精神的に不安定になって、学校での勉強に集中できずに成績が悪くなってしまうこともあります。立ち直って挽回できればよいのですが、不安定な状態が続いてしまうと、進学や就職にも悪影響が出てしまうかもしれません。

③愛情に疑問を持ちやすくなる

　子どもにとって、一番身近なカップルである両親が離婚するという事態を目の当たりにすることで、人と人との間の愛情やものに対する愛着に疑問を抱いてしまうことがあります。

　恋人ができても葛藤を抱いてしまったり、ものを大切にすることができなくなってしまったりすることもあるようです。

④結婚後の離婚率が増える

　愛情に疑問を抱いてしまうことや、両親が離婚しているという経験から離婚への抵抗感が下がってしまうことが関係しているのか、両親が離婚している人は、そうでない人に比べて、結婚後の離婚率が増加するといわれています。

　一方で、離婚した両親を反面教師にして、離婚せずに温和な家庭を築く人ももちろんたくさんいます。

⑤生活スタイルが変わる

　両親が離婚や別居すると、子どもからすれば、片方の親とのみの生活、転校・転園、専業主婦だった母親が仕事を始めれば母親と過ごす時間が減るなど、生活に様々な違いが出てくることとなります。

　また、十分な養育費をもらえるとは限らないので、経済状況にも違いが出る可能性があります。

　このような変化に戸惑いを覚えてしまう子どももいるようです。離婚や別居の直後は、普段以上に気を配ってあげるようにしましょう。

⑥家庭環境が明るくなる

　ここまでみてきたのは、悪い影響ばかりでしたが、必ずしも悪い影響ばかりが生じるとは限りません。

　離婚や別居の前に両親が子どもの前で口論をするなどしていた場合、それは子どもにとってとてもつらいことです。離婚や別居によって、そのような状況からは解放されるので、日々安心して生活できるようになり、家庭環境が明るくなるかもしれません。

　また、片方の親と離れて寂しいのに対して、残った家族とはより仲が深まるということもあります。子どもの中にも「お母さんを助けたい」という意識が芽生え、親に対する思いやりが深くなります。

第2章 ◆ 離婚のリスク、デメリット、注意点　39

このように、離婚によって、子どもに様々な影響を与える可能性があります。両親の離婚という重大な出来事を経験すれば、子どもの年齢にもよりますが、人格形成や成長に少なからず影響を与えると言わざるを得ないでしょう。

離婚や別居をする際は、子どもへの影響や伝え方もよく考える必要があります。

(3)私学や大学への進学に影響はするのか

次に、教育への影響についてみていきましょう。

学力の問題、経済的な問題、学校側の問題などが考えられます。

38ページで説明したとおり、離婚のため、子どもの学力や成績が下がってしまう可能性があります。その結果、もともと志望していた学校の受験に失敗することもあるでしょう。離婚や別居が受験前の期間にあたってしまうと、一時的に不安定な状態に置かれることとなり、受験にも影響が生じやすいかもしれません。

また、離婚によって経済的な状況も変わります。養育費を請求することはできても、それが学費のすべてを支払える金額とは限りません。「私立高校や大学に進学する際にはその分養育費を加算する」という取決めをすることもありますが、それでも学費のすべてを支払ってもらえる場合はあまり多くありません。学校とは別に、塾や習い事に通う場合には、その分の費用も発生しますが、その費用の支払いができない場合には通わせることもできません。

このように、学力の問題とは別に、経済的な事情で希望する学校への進学を断念せざるを得ない場合もあるでしょう。もっとも、経済的な事情で進学を断念するくらいであれば、将来的に返済する必要はありますが、奨学金制度の利用を考えてみても良いのではないでしょうか。

加えて、学校側の問題も考えられます。明示的にひとり親家庭で

ないことを合格基準に掲げている学校はあまりないとは思われますが、内部的にどのように判断されているかまではわかりません。学校によっては、実際に入学した後に、父親がいることを前提としたイベントがある場合もあるようですので、そのようなイベントに父親が参加できないとなると、子どもの精神的な負担につながる可能性もあります。

このように、教育や進学にも影響が生じないとはいえません。特に経済的な変化が大きく影響すると思われますので、離婚を考える際は、どのような影響が生じるのか、それに対してどう手当てをするのか、可能であれば夫ともよく話し合い、検討するようにしましょう。

⑷将来、就職への影響もある？

では、将来の就職にも影響があるのでしょうか。受験したものの、希望していた学校に入学できず、その結果、希望する企業に就職できないことがあるかもしれません。

もっとも、就職の際に、両親が離婚しているかどうかが問題になることはないと思われますので、就職それ自体への影響はほとんどないと考えてよいでしょう。

2-3

住宅についての疑問点

▶ 家賃負担や住宅ローンはどうなる？

　離婚や別居をする場合、1番大きな問題は、住宅です。夫が出て行ってくれるのであればいいでしょうが、自分が出て行く場合には住む場所を確保する必要がありますし、賃貸住宅に住む場合には家賃がかかります。持ち家がある状態で離婚をする場合には、家をどうするのか、住宅ローンをどのように処理するのかなども決めなければなりません。

(1)家賃は払ってもらえるの？

　まず、別居した際の家賃を夫に払ってもらうことはできるのでしょうか。結論から言うと、一般的に家賃それ自体を請求することは困難です。生活費（婚姻費用）を請求できることは先に述べたとおりですが、婚姻費用は家賃も含めた生活にかかる費用すべてのために支払われるものですから、この婚姻費用と自分の収入から、家賃を支払う必要があります。

　別居の際に実家に転居する人が一定数いますが、経済的な不安のあるときは、家賃のかからない実家に帰ることは適切な選択といえるでしょう。ただし、距離的な問題がある場合や実家の両親とは疎遠になってしまい頼ることができないなどの場合には、自分で転居先の家賃を支払う必要があるので、それが可能なのか、よく検討するようにしてください。

⑵いま住んでいる持ち家はもらえるの？

　次に、持ち家がある人が離婚した場合に、その家をどのように処理することがあるのか、みていきましょう。

　理想的なのは、家をもらい、ローンは夫が払ってくれるということでしょう。もちろん、夫がそれで良いと言えば全く問題ありませんし、実際にそのような取決めをして離婚をする夫婦もいます。ただ、残念ながら、話はそう簡単ではありません。

　住宅などの不動産は、婚姻期間中に夫婦が共同の財産で購入したものであれば、基本的に財産分与の対象となります。そして、夫婦の共有財産は1対1で分けるのが通常です。不動産の財産分与は、①売却する、②片方が取得する、のいずれかの方法で行われることがほとんどでしょう。それぞれについて説明します。

①売却する場合

　不動産を売却して、売却代金でまずはローンの返済をします。ローンを完済して余剰が出た場合（アンダーローンの場合）には、その余剰金を半分ずつ分け合うことになります。一方で、売却代金がローンの金額に満たない場合（オーバーローンの場合）には、差額分が債務として残り続けてしまいます。ローンの名義人となっている人は、返済しなければなりません。なお、負の財産は財産分与の対象にはならないため、残ったローンを半分ずつ返すということにはなりません。

②片方が取得する場合

　たとえば、ローンの名義も不動産の所有名義も夫であった場合に、離婚後も夫がそのまま不動産を使い続けるとします。このような場合には、不動産自体の価値とローンの残高を比較して、前者のほうが高額である場合（アンダーローンの場合）には、夫は妻に対して

第2章 ◆ 離婚のリスク、デメリット、注意点　43

その差額分の半分を支払う必要があることになります。後者のほう
が高額である場合（オーバーローンの場合）には、その不動産はマ
イナスの財産として財産分与の対象にはならないので、金銭のやり
とりは発生しないことになります。

　また、ローンの名義も不動産の所有名義も夫でも、離婚後は妻が
不動産を使用するという場合もあります。この場合にも、名義をど
ちらにするのか、ローンの債務者をどうするのかを決めなければな
りません。ローンの債務者を夫のままにしたいところでしょうが、
そうすると、夫がローンの支払いを止めると、不動産に付いている
担保権が実行され、不動産を失ってしまう可能性があります。ロー
ンの名義を妻に変更しようとする場合には、金融機関から承認を得
る必要があり、必ずしも認めてもらえるとは限りません。状況次第
では、売却するほかないということもあるでしょう。

　このように、いま住んでいる家を当然もらえるというわけではあ
りませんし、不動産の財産分与には様々なハードルがあるため、処
理の方法はよく検討する必要があります。まずは不動産の名義、評
価額、ローンの残高を確認してみてください。自分で決めることが
できない場合には、弁護士や不動産業者、金融機関に相談すること
も考えられます。

⑶住宅ローンの連帯保証は一生続く？

　住宅ローンを借りた場合、夫が主債務者となり、妻が連帯保証人
になっていることが多いと思います。離婚をして夫がローンを払い
続けることになった場合に、連帯保証人から外れることはできない
のでしょうか。

　まずは「連帯保証人」という地位がどのようなものかということ
から確認しましょう。ローンを借りている人（主債務者）が返済で

きなくなったときに返済を求められてしまうのが、連帯保証人です。金融機関からすれば、貸したお金を回収する手段は多いに越したことはありませんから、ローンを組むときには連帯保証人を立てることを要求したり、不動産を担保にとったりします。

　では、離婚した場合に、もう夫婦ではないから関係ないという理由で連帯保証人から外してもらえるかというと、それは非常に困難と言わざるを得ません。連帯保証人から外してもらうためには金融機関の承諾が必要となりますが、先に述べたとおり、金融機関としては貸したお金を回収する手段は多いほうが良いわけですから、連帯保証人を外して手段をひとつ減らす理由は特にないため、基本的に承諾を得られることはないと考えたほうがよいでしょう。もっとも、他の連帯保証人を立てたりするなどして代わりとなる担保を用意することができれば、承諾を得られるかもしれません。また、他の金融機関で連帯保証人をつけずにローンの借換えをすることができれば、連帯保証人から外れることができるでしょう。

　連帯保証が続くとしても、夫が支払いを続ければ問題はありませんし、不動産にローンを返済するだけの十分な価値があれば、仮に夫が支払いを怠ったとしても、金融機関は不動産に付いている抵当権を実行して回収できますから、実際にはさほど問題はないかもしれません。上記の不動産の処理の方法と併せて、よく考える必要があります。

2-4

離婚後の名字は
どうする？

▶自分と子どもで別姓を名乗ることもできる

　離婚したとき、世間体が気になる人も多いのではないでしょうか。離婚したことが一番知られやすいのは、名字が変わったときです。そこで、離婚後の名字に関して、どのような手続きが可能かをみていきましょう。

　また、離婚の事実を知られることについて気にする必要があるのか、第1章で触れた離婚率の推移を踏まえ、考えてみましょう。

(1)名字はいまのままでも大丈夫

①妻は旧姓に戻るのが原則

　結婚時に夫を筆頭者として戸籍を作った場合を前提として説明します。

　離婚後、妻は旧姓に戻るのが原則です。離婚前に入っていた親の戸籍に戻ることも、旧姓で新たな戸籍を作ることもできます。

　ただし、離婚から3か月以内に届出をすれば、結婚していたときの姓をそのまま名乗り続けることもできます。このことを「婚氏続称（こんしぞくしょう）」といいます。旧姓に戻ることが好ましくない人は、婚氏続称の手続きをとりましょう。具体的には、離婚届（48〜49ページを参照）の「婚姻前の氏にもどる者の本籍」欄には何も記載せず、「離婚の際に称していた氏を称する届」（戸籍法77条の2の届）を本籍地または住所地に提出します。この届は、離婚届と同時に出すことも、離婚届提出後でも3か月以内であれば出すことができます。なお、この届を一度出してしまうと、3か月以内であっても取り消す

46

ことはできず、旧姓に戻るためには裁判所の許可が必要となってしまうので、よく考えて決めるようにしてください。

②子どもの名字はどうする？

　両親が離婚しても、子どもの名字は変わりません。仮に、あなた（妻）が子どもの親権者になったからといって、子どもが当然にあなたと同じ戸籍に入ったりあなたと同じ名字になったりするわけではないのです。このような制度に疑問を感じる人もいるかもしれませんが、親と子どもが親子関係にあることは、両親が離婚したからといって何ら変わるものではありません。親権者とならなかった親も、子どもにとっては親であり続けることとなります。子どもの戸籍や名字について、詳しく説明します。

　子どもの戸籍は、両親が離婚しても変わりません。夫の戸籍に入っている状態が続くことになります。離婚後も子どもの名字を変えるつもりはなく、戸籍も夫と同じままでよいのであれば、何も手続きをする必要はありません。なお、親権と戸籍は無関係なので、離婚時に妻を親権者として指定しても、それによって子どもが妻の戸籍に入るわけではないので、ご注意ください。

　子どもを妻の戸籍に入れるためには、家庭裁判所で「子の氏の変更」の手続きをとる必要があります。「子の氏の変更」というと、子どもの名字を変える手続きのようにも思えますが、子どもの戸籍を変えるためにもこの手続きをとることとなります。子どもの住所地を管轄する家庭裁判所に申立書を提出すると、裁判所から審判書が交付されますので、本籍地または住所地の役所で子どもの入籍届を出せば、子どもは妻の戸籍に入ることができます。

　妻が離婚後に旧姓に戻った場合、そのままでは子どもと妻の名字が異なることとなります。子どもを妻と同じ名字にするには、やはり「子の氏の変更」の手続きをとる必要があります。なお、妻が親

◆「離婚届」の記入例◆（別居している場合）

離 婚 届

令和 ○ 年 ○ 月 ○ 日届出

○○ 市 長 <del>あて</del> 殿

受理	令和 年 月 日		発送	令和 年 月 日	
第	号				長印
送付	令和 年 月 日				
第	号				
書類調査	戸籍記載	記載調査	調査票	附票	住民票	通知

		夫	妻
(1)	（よみがた） 氏　名	ベリーべすと（氏）　たろう（名） ベリーベスト　太郎	ベリーべすと（氏）　はなこ（名） ベリーベスト　花子
	生 年 月 日	昭和○年 1 月 1 日	昭和○年 11 月 11 日
	住　所 （住民登録をして いるところ）	○○府道県 △△市○○町 ○丁目△△番地番 号 世帯主の氏名 ベリーベスト太郎	○○府道県 ○○市△△町 ○丁目△△番地番 号 世帯主の氏名 ベリーベスト花子
(2)	本　籍 （外国人のときは 国籍だけを書い てください）	○○府道県 ○○市○○町○丁目○○ 番地番 筆頭者の氏名 ベリーベスト太郎	
	父母の氏名 父母との続き柄 （養父母は「そ の他」の欄に 書いてください）	夫の父 ベリーベスト一郎　続き柄 母 一子 長男	妻の父 六本木 正和　続き柄 母 和恵 長女
(3)(4)	離 婚 の 種 別	☑協議離婚 □調停 年 月 日成立 □審判 年 月 日確定	□和解 年 月 日成立 □請求の認諾 年 月 日認諾 □判決 年 月 日確定
	婚姻前の氏に もどる者の本籍	□夫 は □もとの戸籍にもどる □妻 □新しい戸籍をつくる 都道府県 番地番 （よみがた）筆頭者の氏名	
(5)	未成年の子の氏名	夫が親権を行う子	妻が親権を行う子 咲子
(6)(7)	同 居 の 期 間	平成20年 1 月 から（同居を始めたとき）	平成31年 3 月 まで（別居したとき）
(8)	別居する前の住所	○○府道県 △△市○○町○丁目△△ 番地番 号	
(9)	別居する前の 世帯のおもな 仕事と	□1. 農業だけまたは農業とその他の仕事を持っている世帯 □2. 自由業・商工業・サービス業等を個人で経営している世帯 ☑3. 企業・個人商店等（官公庁は除く）の常用勤労者世帯で勤め先の従業員数が1人から99人までの世帯（日々または1年未満の契約の雇用者は5） □4. 3にあてはまらない常用勤労者世帯及び会社団体の役員の世帯（日々または1年未満の契約の雇用者は5） □5. 1から4にあてはまらないその他の仕事をしている者のいる世帯 □6. 仕事をしている者のいない世帯	
(10)	夫妻の職業	（国勢調査の年…平成 年…の4月1日から翌年3月31日までに届出をするときだけ書いてください） 夫の職業 会社員	妻の職業 会社員
	そ の 他		
	届 出 人 署名押印	夫 ベリーベスト太郎 ㊞	妻 ベリーベスト花子 ㊞
	事件簿番号	住定日 夫 年 月 日 妻 年 月 日	連絡先 電話090（XXXX）XXXX ㊫妻 自宅・勤務先・㊟携帯

48

記入の注意

鉛筆や消えやすいインキで書かないでください。
筆頭者の氏名欄には、戸籍のはじめに記載されている人の氏名を書いてください。
届書は、1通でさしつかえありません。
この届書を本籍地でない役場に出すときは、戸籍謄本が必要ですから、あらかじめ用意してください。
そのほかに必要なもの　調停離婚のとき➡調停調書の謄本
　　　　　審判離婚のとき➡審判書の謄本と確定証明書　　和解離婚のとき➡和解調書の謄本
　　　　　判決離婚のとき➡判決書の謄本と確定証明書　　認諾離婚のとき➡認諾調書の謄本

		証　　　人　（協議離婚のときだけ必要です）	
署　名 押　　　印		芳野　文彦　　㊞印	細川　淳夫　　㊞印
生 年 月 日		昭和○ 年 ○ 月 ○ 日	昭和○ 年 ○ 月 ○ 日
住　　　所		○○都道府県 ○○市○○町	○○都道府県 ○○市○○町
		○丁目 番地番 ○ 号	○丁目 番地番 ○ 号
本　　　籍		○○都道府県 ○○市○○町	○○都道府県 ○○市○○町
		○丁目○ 番地番	○丁目○ 番地番

► 父母がいま婚姻しているときは、母の氏は書かないで、名だけを書いてください。
　養父母についても「その他」欄に同じように書いてください。
　□には、あてはまるものに☑のようにしるしをつけてください。

► 今後も離婚の際に称していた氏を称する場合には、左の欄には何も記載しないでください。
　（この場合にはこの離婚届と同時に別の届書（離婚の際に称していた氏を称する届）を提出する必要があります。）

――― 離婚の際に使っていた名字を使う場合はここには何も記載しない

► 同居を始めたときの年月は、結婚式をあげた年月または同居を始めた年月のうち早いほうを書いてください。

――― 国勢調査の年だけ記入すればよい

► 届け出られた事項は、人口動態調査（統計法に基づく基幹統計調査、厚生労働省所管）にも用いられます。

未成年の子がいる場合は、次の□にあてはまるものにしるしをつけてください。 （面会交流） □ 取決めをしている □ まだ決めていない （養育費の分担） □ 取決めをしている □ まだ決めていない	未成年の子がいる場合に父母が離婚をするときは面会交流や養育費の分担など子の監護に必要な事項についても、父母の協議で定めることとされています。この場合には、子の利益を最も優先して考えなければならないこととされています。

◎署名は必ず本人が自署してください。
◎印は各自別々の印を押してください。
◎届出人の印をご持参ください。
◎ご本人確認ができるものをご持参ください。
（なるべく官公署発行の顔写真つきのもの
　運転免許証、パスポート、外国人登録証明書等）

夫	妻
免 ・ パ 外 ・ 住 その他 （　　　）	免 ・ パ 外 ・ 住 その他 （　　　）
不受理申出	
有 ・ 無	有 ・ 無
通　知	
要 ・ 不要	要 ・ 不要
使者確認欄	
免 ・ パ ・ 外 ・ 住 その他（　　　　）	

◆「離婚の際に称していた氏を称する届」の記入例◆
（離婚届の提出と同時に届け出る場合）

離婚の際に称していた氏を称する届 (戸籍法77条の2の届) 令和 ○ 年 ○ 月 ○ 日 届出 ○○ 市 長 殿	受理 令和　年　月　日 第　　　　号	発送 令和　年　月　日 　　　　　　　　長印
	送付 令和　年　月　日 第　　　　号	
	書類調査　戸籍記載　記載調査　附　票　住民票　通　知	

(1)	離婚の際に称していた氏を称する人の氏名	（よみかた）　（現在の氏名、離婚届とともに届け出るときは離婚前の氏名） ベリーべすと　　　はなこ 氏　　　　　　　　名 ベリーベスト　　　花子		昭和○ 年 11 月 11 日生
(2)	住　所 住民登録をしているところ	○○県○○市△△町○丁目△△ 番地／番　　号		
	世帯主の氏名	ベリーベスト花子		
(3)	本　籍	（離婚届とともに届け出るときは、離婚前の本籍） ○○県○○市○○町○○丁目○○ 番地／番		離婚前の本籍
	筆頭者の氏名	ベリーベスト太郎		
(4)	氏	変更前（現在称している氏） ベリーベスト	変更後（離婚の際称していた氏） （よみかた）　ベリーべすと ベリーベスト	
(5)	離婚年月日	令和 ○ 年　　○ 月　　○ 日		
(6)	離婚の際に称していた氏を称した後の本籍	（(3)欄の筆頭者が届出人と同一で同籍者がない場合には記載する必要はありません） 番地／番		
	筆頭者の氏名			
(7)	その他			
(8)	届出人署名押印 （変更前の氏名）	ベリーベスト花子　　　　印		

住定年月日　　　・　　・

日中連絡のとれるところ
電話（　　　）
自宅　勤務先　呼出（　　　方）

協議離婚の場合は届出日、
調停離婚の場合は調停成立の日、
裁判離婚の場合は判決の確定日

の戸籍に戻った場合には、その戸籍に子どもを入れることはできません。離婚後に子どもを同じ戸籍に入れたい場合には、親の戸籍に戻るのではなく、新しい戸籍を作らなければなりません。

　このように、妻が婚姻期間中と同じ名字を使う場合や子どもの名字を変更する場合にはきちんと手続きをとる必要があるので、よく確認するようにしましょう。

◆戸籍と名字の注意点◆

	戸籍	名字
妻	①新しい戸籍を作る ②親の戸籍に戻る（ただし、親の戸籍に子どもを入れることはできない）	旧姓に戻るのが原則だが、婚氏続称の手続きをとることが可能
子ども	①原則的には婚姻時の戸籍（夫の戸籍）のまま ③子の氏の変更の手続きをとれば、妻が新しく作った戸籍に入ることが可能	原則的には婚姻時の姓のままだが、子の氏の変更の手続きをとれば妻の旧姓に変更することも可能

第2章 ◆ 離婚のリスク、デメリット、注意点　51

コラム 離婚と世間体

　離婚するときに、本当に世間体を気にする必要があるのでしょうか。

　「日本における離婚率の推移」のコラムでみたとおり、厚生労働省の調査によれば、平成28年の離婚件数は21万6,798件とのことです。これを、１年の間に人口1000人（結婚している人に限らない）のうち何人が離婚したか、という統計に置き換えると、1.73とのことです（これも「離婚率」と呼ばれている）。そして、この離婚件数や離婚率は、昭和22年は７万9551件（離婚率1.02）であったものがゆるやかに増加し、平成14年の28万9836件（離婚率2.30）をピークに年々低下しています。

　一方で、婚姻件数も昭和47年に109万9984件を記録したのをピークに徐々に低下しており、平成28年は62万0531件でした。離婚率と同じく、１年の間に人口1000人のうち何人が結婚したか、という婚姻率は、昭和22年には12.0であったものが、昭和20年代後半には7.9程度まで低下し、その後再度増加して昭和45年頃には10程度まで回復したものの、その後は低下の一途をたどり、平成28年は5.0となっています。

　以上のことからわかることは、平成14年以降は離婚率が低下しているといっても、戦後初期の時代と比べると離婚件数も離婚率も格段に増加しており、また、昭和47年頃以降は婚姻する人の数も割合も年々低下しているということです。

　その理由は様々なものが挙げられるところですが、そのひとつとして、価値観が多様化し「結婚することが当然」という考え方が薄れてきていることが挙げられます。また、結婚したとしても、必ずしも婚姻関係を継続することがすべてではない、

という考え方もあるのではないでしょうか。離婚率が低下して
いると説明しましたが、それは平成14年以降の話であって、昭
和の時代と比べれば格段に増加しています。価値観が多様化し
た現在、離婚したからといって後ろ指を指されることもほとん
どなくなったのではないでしょうか。

　「日本における離婚率の推移」のコラムで説明したとおり、「い
ままでに結婚したカップルのうち、離婚してしまったカップル
はどれくらいなのか」という統計はないため、正確な意味での
離婚率はわかりませんが、昭和の時代に比べ、離婚がより一般
的になりつつあることは間違いなさそうです。離婚することに
ついて、世間からどう思われると考えるかは人それぞれですが、
統計の側面からはあまり世間体を気にする必要のない時代がき
ていると言ってもいいかもしれません。

第2章 ◆ 離婚のリスク、デメリット、注意点　53

第3章

夫と別れる方法

　離婚する意思が固まったら、具体的にどのようなアクションを起こせばよいのでしょうか。離婚への一番の近道は、夫に離婚に同意してもらうことですが、夫が同意してくれるとは限りません。夫への伝え方や、同意してもらえなかった場合の手続きについて説明します。

3-1

離婚の意思を
どうやって伝える？

▶ 同意をとりつけるために、きちんと話し合う

　離婚しようと思ったとき、まずは率直に離婚の意思を伝えるのが一般的ではないでしょうか。ただ、伝えるといっても、日々喧嘩ばかりしていたり、いわゆる家庭内別居状態になっている人もいれば、内心では離婚を考えつつも表面的には円満に過ごしているという人もいて、伝え方は状況により変わってくるでしょう。どのように伝えたらよいのか、考えていきましょう。

⑴夫が離婚の話をしてもとりあってくれないときは？

　離婚の話を切り出したものの、夫がとりあってくれなかったという話をよく耳にします。考えられる原因としては、たとえば、本気で離婚するつもりだと思われていない、離婚したくないために話し合いから逃げている、離婚自体は同意しているものの具体的な条件がまとまらない、面倒に感じて手続きを進めるつもりがない、感情的な話し合いになってしまい話がまとまらないというようなものでしょうか。

　後で詳しく説明しますが、**裁判の手続きで離婚する場合を除き、離婚するためには夫の同意が必要**となりますので、同意を得られるように工夫して離婚の意思を伝える必要があります。

　もし、離婚の話をしても相手にされていないと感じたら、その理由がどういったところにあるのかを考え、対応を検討する必要があります。

⑵離婚の意思を伝える機会を作る

　離婚の意思があることは、きちんと話し合いの機会を作って伝えましょう。喧嘩になったときに感情にまかせて伝えては、夫も売り言葉に買い言葉でいったんは離婚に応じたものの、後に翻意してしまうかもしれません。

　まずは自分が本気で離婚を考えているということを、その理由とともに、冷静に伝えましょう。本気さが伝われば、夫から相手にされなくなることも減るのではないでしょうか。

　また、子どもがいる人は、子どもの耳に入らない環境で話し合うことも大切です。両親が喧嘩をしたり離婚の話をしたりしているのを目の当たりにした子どもが悲しい気持ちになってしまうことは想像に難くないでしょう。第2章で説明したとおり、離婚が子どもに与える影響は非常に大きいので、慎重に話し合いを進めるようにしてください。

3-2

条件を明確に伝える

▶離婚届だけ先に提出してしまうのは考えもの

　離婚すること自体はお互いに合意しているものの、条件面で折り合いがつかずに話し合いが長引いてしまうことも多々あります。条件について何も取決めをしないまま離婚をしてしまう人もいますが、後述のとおりそのような進め方にはリスクも伴いますので、注意が必要です。

(1)離婚条件がまとまらないと話し合いは長引く

　離婚する際は、子どもの親権をどうするか、養育費をいくらにするのか、面会交流（子どもを監護しない親と子どもが会うこと）の頻度や方法をどうするのか、財産分与（婚姻期間中に築いた夫婦の共有財産の分配）をどうするのか、慰謝料をどうするのか、年金分割（婚姻期間中の厚生年金記録を当事者間で分割することができる制度）をどうするのかなど、様々な事項について決定しなければなりません。

　離婚についての話し合いは、離婚するかどうかだけではなく、これらの諸条件をどうするかでもめることも非常に多いのです。自分にとって少しでも良い条件で離婚したいと考えるのが通常ですし、法的な理屈とは別に、感情的な要因から相手の言い分に納得することができずに離婚に関する話し合いが難航することもあります。実際に、条件面の折り合いがつかずに数か月から長ければ年単位で合意が成立せず、話し合いや裁判所での手続きが続くこともあるのです。

(2)財産分与や慰謝料にも時効がある

　それでは、条件面の話し合いは後回しにして離婚届だけでも提出してしまえばいいのではないか、とお考えになるかもしれません。確かに、親権者さえ決めておけば離婚届の提出はできますので、離婚すること自体は可能です。もっとも、財産分与や慰謝料の請求はいつまででも可能なわけではなく、時効や除斥期間という制度により、**財産分与は離婚から2年、慰謝料は離婚から3年で請求できなくなってしまう可能性があります**。離婚届を提出して離婚が成立してしまうと、この期間のカウントがスタートしてしまいます。離婚してから財産分与や慰謝料の話し合いをしようと思っても、夫からすれば、既に離婚が成立した以上、自分がお金を払ったり財産を渡したりするようになるかもしれない話し合いに積極的に応じないでしょう。夫が話し合いに応じない場合には、やはり調停や訴訟等の裁判所での手続きをせざるを得なくなってしまいます。

　したがって、よほど急いで離婚を成立させなければならない場合や、特に財産分与や慰謝料の請求をするつもりがない場合を除き、できる限り条件についても話し合いがまとまってから離婚したほうが望ましいといえます。

(3)決めるべき条件を整理し優先順位もつけておこう

　ここまでみてきたとおり、離婚の話をする際は条件を含めて話し合いをするとよいでしょう。そこで、話し合いに臨むにあたっては、まずはどのような条件での離婚を希望するのか、考えておく必要があります。

　再度、考えておくべき条件をまとめると次のとおりです。

第3章 ◆ 夫と別れる方法　59

◆離婚で考えておくべきこと◆

- （子どもがいる場合）親権者を夫婦のいずれにするのか
- 親権者にならない親と子どもの面会交流を実施するのか、する場合にはどの程度の頻度やどのような方法で実施するのか
- 養育費はいくらにするのか
- 財産分与はどのようにするのか（現金、預貯金、不動産、自動車、保険、株式、退職金等々）
- 慰謝料を請求するのか
- 年金分割をするのか

　財産がある場合には、財産分与の方法でもめることが一番多いようなので、どの財産をどのように分与するのか、具体的に考える必要があります（財産分与に関しては、第5章で詳しく解説する）。

　そして、夫に離婚の意思を伝える際には、夫がどのような応答をするかにもよりますが、離婚の条件をきちんと伝えるようにしてください。

　もっとも、自分が希望する条件を夫がすべて受け入れるとは限りません。むしろ、受け入れないことのほうが多いのではないでしょうか。受け入れてもらえないときには、話し合いをしてお互いに納得できる条件を見出す必要があります。そのようなときに備えて、条件に優先順位をつけておくことが有益です。たとえば、夫も親権を希望しそうなときに、「親権と養育費の金額は絶対に譲らないが、財産分与や慰謝料に関しては多少譲歩することができる」などです。自分にとって何がどの程度大切なのか、よく考えたうえで話し合いに臨むべきです。

　後述しますが、条件をどのように考えればよいかわからないときは、弁護士に相談することも検討しましょう。

3-3

別居する

▶離婚前に自分の気持ちを再確認する機会にもなる

　離婚の手段としては、夫に離婚の意思があることを伝えることも重要ですが、別居することも検討しましょう。離婚を考えているくらいですから、一緒に暮らしていて快適ということはあまりないでしょう。ここまでに説明したとおり、別居する際は生活費の問題などが発生しますが、別居できるのであれば、離婚の手続きを進めやすくなります。

(1)別居そのものが離婚の理由になる

　第4章で詳しく説明しますが、民法では**一定の事由がある場合には裁判で離婚することができる**と定められており（民法770条1項）、この一定の事由を「**法定離婚事由**」といいます。法定離婚事由のひとつが「婚姻を継続し難い重大な事由があること」ですが、長期間別居することは、この「婚姻を継続し難い重大な事由」にあたると考えられています。

　なお、どの程度の期間が「長期間」と呼べるかは、婚姻期間との対比などによって決まり、一概に断定することはできませんが、年単位の期間は必要であることがほとんどでしょう。

　離婚の手続きを進めるにあたって、法定離婚事由の有無は大きく影響します。法定離婚事由がある場合には、裁判の手続きをすれば離婚できるわけですから、夫が「離婚はしない。仮に離婚するとしても有利な条件でなければ応じない」などと主張している場合でも、話し合いを有利に進めることができます。一方で、法定離婚事由が

第3章 ◆ 夫と別れる方法　61

あるとはいえない場合には、裁判をしても離婚はできないので、離婚するためには夫に同意してもらうほかなく、話し合いを有利に進めることは難しいかもしれません。

　別居は、自ら作ることのできる法定離婚事由です。別居を理由に離婚できるようになるまでには時間はかかってしまいますが、別居を開始しさえすれば、あとは時間が解決してくれます。離婚の話し合いを有利に進めるためにも、別居を検討してみてください。

⑵離婚後の生活を具体的に想像できる

　また、別居によって、離婚後の生活を具体的に想像することができます。離婚が成立すればほとんどの夫婦は別居することになるでしょう。別居すれば、住む場所が変わるだけではなく、収入、支出、通勤経路・方法・時間、子どもの幼稚園・保育園や学校、生活リズムなど、様々なことに変化が生じます。想像もしていなかった変化が生じるということも少なくないのではないでしょうか。

　離婚後の生活を実際に体験することによって、離婚した場合のメリット・デメリットを正しく把握できます。別居後の生活が快適ならば離婚の意思は強まるかもしれませんし、逆に別居生活には何らかの支障があるということであれば、離婚しないという選択も検討したほうがよいかもしれません。別居は、本当に離婚してよいのかを改めてじっくり考えるいい機会にもなるでしょう。

3-4

協議が整わない場合の手続き　その1
離婚調停を行う

▶協議離婚できないなら、調停による離婚を検討する

(1)まず調停を行うように定められている

　離婚の条件について整理し、自分の意思を夫に伝え、それを夫が承諾すれば、離婚は成立します。これが協議離婚です。ただし、夫が離婚の申入れを拒否したり、離婚そのものには応じてくれそうなものの、財産分与や子どもの養育費などの条件面で折り合いがつかなかった場合、どうすればいいのでしょうか。

　そのようなときのために、家庭裁判所における調停の手続きや裁判の手続きが用意されています。詳しくは後述しますが、日本では「調停前置主義」という建前がとられており、離婚の裁判を起こすためには先に離婚調停を経なければならないとされていますので、まずは離婚調停の申立てを行いましょう。離婚調停による離婚を「調停離婚」といいます。

　離婚調停でも離婚が成立しなければ、最後の手段として裁判の手続きに進むことになります。裁判手続きによる離婚については、次項で説明します。

(2)離婚調停とはどういうものか

　第1章でも説明しましたが、離婚調停は、正式には「夫婦関係調整調停」といいます。どのような手続きなのか、みていきましょう。

①手続きの概要──調停委員を介して合意を目指す

　離婚調停は、家庭裁判所の裁判官と調停委員で構成される調停委

第3章 ◆ 夫と別れる方法　63

◆離婚手続きの流れ◆

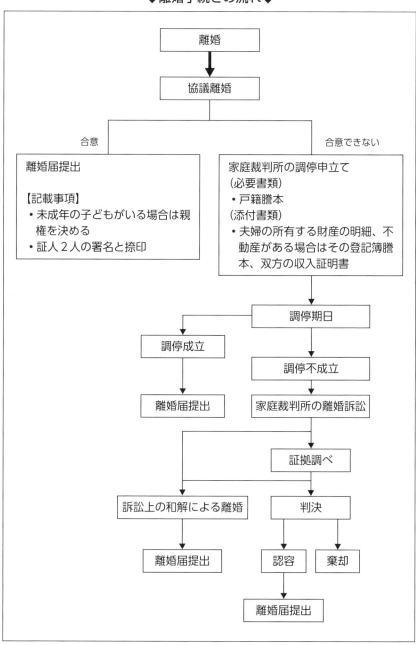

員会が当事者を仲介し、合意を目指す手続きです。調停委員会は一方の味方ということはなく、公平・中立な立場で夫婦双方から話を聞き、相手方に伝えて夫婦関係を調整するという役割を担います。離婚調停は、裁判所が何かしらの事実を認定して離婚をすべきかどうかを判断するという手続きではなく、あくまで話し合いの手続きですので、夫に離婚の意思が全くなかったり、条件面で折り合いがつかない場合には、やはり離婚は成立しないことになってしまうでしょう。

　もっとも、中立な立場の第三者が当事者双方にとってどのような解決が望ましいのかを客観的に考え、当事者に伝えるなどして調整を図ろうとするため、当初は離婚の意思がなかった夫が離婚を検討するようになったり、双方が譲歩した結果、条件面の折り合いがついたりすることも多々あります。

②申立手続き──家庭裁判所に申し立てる

　離婚調停は、相手方（離婚調停を申し立てる人を「申立人」、申立てを受ける人を「相手方」という）の住所地を管轄する家庭裁判所または当事者が合意で定める家庭裁判所に申し立てる必要があります。「住所地」とは、実際に継続的に生活している場所を意味し、住民票地ということではないので、別居した結果、相手方と遠く離れて暮らすことになってしまった場合には遠方の裁判所に申立てをする必要があります。

　なお、離婚調停は当事者が実際に裁判所に出向くことが原則とされていますが、電話会議という方法もありますので、必ずしも毎回遠方の裁判所に出向かなければならないわけでもありません（ただし、実務上電話会議の方法を用いることができるのは、代理人の弁護士が就いている場合に限定されているようです）。

　申立てをするときは、申立書に所要事項を記載して、家庭裁判所

第3章 ◆ 夫と別れる方法　65

◆「離婚調停の申立書」の記入例◆ （別居している場合）

この申立書の写しは，法律の定めるところにより，申立ての内容を知らせるため，相手方に送付されます。

この申立書とともに相手方送付用のコピーを提出してください。

受付印	夫婦関係等調整調停申立書　事件名（　　離婚　　）
	（この欄に申立て1件あたり収入印紙1,200円分を貼ってください。）
収入印紙　　　　円	印紙
予納郵便切手　　　円	（貼った印紙に押印しないでください。）

> 申立書を作成した日

○○ 家庭裁判所 御中　令和 ○ 年 10 月 1 日	申立人（又は法定代理人など）の記名押印	ベリーベスト 花子　㊞

添付書類	（審理のために必要な場合は，追加書類の提出をお願いすることがあります。） ☑ 戸籍謄本（全部事項証明書）（内縁関係に関する申立ての場合は不要） ☑ （年金分割の申立てが含まれている場合）年金分割のための情報通知書 □	準 口 頭

> 相手方に知らせてもよい住所を記載し、「連絡先等の届出書」を提出する。連絡先を知られたくないときは同届出書に「非開示の希望に関する届出書」を提出すること

申立人

（内縁関係に関する申立ての場合は，記入する必要はありません。）

本籍（国籍）	○○ 都道府県 ○○市○○町○○丁目○○番地
住所	〒 ○○○ － ○○○○　○○県○○市△△町○丁目△△番　　　　（　　　方）
フリガナ　氏名	ベリーベスト　ハナコ　ベリーベスト　花子　／　昭和・平成 ○ 年 11 月 11 日生（ 31 歳）

相手方

（内縁関係に関する申立ての場合は，記入する必要はありません。）

本籍（国籍）	○○ 都道府県 ○○市○○町○○丁目○○番地
住所	〒 ○○○ － ○○○○　○○県△△市○○町○丁目△△番　　　　（　　　方）
フリガナ　氏名	ベリーベスト　タロウ　ベリーベスト　太郎　／　昭和・平成 ○ 年 1 月 1 日生（ 34 歳）

対象となる子

住所	☑ 申立人と同居 ／ □ 相手方と同居　□ その他（　　　）	平成・令和 ○ 年 5 月 5 日生
フリガナ　氏名	ベリーベスト　サキコ　ベリーベスト　咲子	（ 3 歳）
住所	□ 申立人と同居 ／ □ 相手方と同居　□ その他（　　　）	平成・令和　年　月　日生
フリガナ　氏名		（　　歳）
住所	□ 申立人と同居 ／ □ 相手方と同居　□ その他（　　　）	平成・令和　年　月　日生
フリガナ　氏名		（　　歳）

（注）太枠の中だけ記入してください。対象となる子は，付随申立ての(1)，(2)又は(3)を選択したときのみ記入してください。□の部分は，該当するものにチェックしてください。

夫婦(1/2)

※ 申立ての趣旨は，当てはまる番号（1又は2，付随申立てについては(1)～(7)）を○で囲んでください。

この申立書の写しは，法律の定めるところにより，申立ての内容を知らせるため，相手方に送付されます。

この申立書とともに相手方送付用のコピーを提出してください。

□の部分は，該当するものにチェックしてください。

☆ 付随申立ての(6)を選択したときは，年金分割のための情報通知書の写しをとり，別紙として添付してください（その写しも相手方に送付されます。）。

申　　立　　て　　の　　趣　　旨	
円　満　調　整	関　係　解　消
※	※

円満調整

1　申立人と相手方間の婚姻関係を円満に調整する。

2　申立人と相手方間の内縁関係を円満に調整する。

関係解消

① 申立人と相手方は離婚する。

② 申立人と相手方は内縁関係を解消する。

（付随申立て）

① 未成年の子の親権者を次のように定める。

　　　　　　　　　　　　　　　　　　　　　　　　　については父。

　　　　咲子　　　　　　　　　　　　については母。

② （□申立人／☑相手方）と未成年の子　咲子　が面会交流する時期，方法などにつき定める。

③ （□申立人／☑相手方）は，子　咲子　の養育費として，1人当たり毎月（□金　　　　　円　／　☑相当額）を支払う。

④ 相手方は，申立人に財産分与として，（□金　　　　　円　／　☑相当額　）を支払う。

⑤ 相手方は，申立人に慰謝料として，（□金　　　　　円　／　☑相当額　）を支払う。

⑥ 申立人と相手方との間の別紙年金分割のための情報通知書（☆）記載の情報に係る年金分割についての請求すべき按分割合を，（☑0．5　／　□（　　　　　　　　）　）と定める。

(7)

> 年金分割を希望するときは，情報通知書（131ページを参照）をこの申立書に添付する。情報通知書に記載された住所を相手方に知られたくない場合は，住所を黒塗りにして、この申立書に添付。按分割合を上限で定めるときは「0.5」を、それ未満の割合なら（　）に具体的な割合を記入する

> 養育費、財産分与、慰謝料がはっきりしないときは相当額の□に✓を入れる

申　　立　　て　　の　　理　　由
同居・別居の時期

同居を始めた日……（昭和／㋹平成／令和）**20**年**1**月**1**日　　別居をした日……（㋹平成／令和）**31**年**3**月**1**日

> 直近の別居した日を記入

申立ての動機

※ 当てはまる番号を○で囲み，そのうち最も重要と思うものに◎を付けてください。

① 性格があわない　　2 異性関係　　3 暴力をふるう　　4 酒を飲みすぎる

⑤ 性的不調和　　6 浪費する　　7 病　気

⑧ 精神的に虐待する　　9 家族をすててかえりみない　　⑩ 家族と折合いが悪い

11 同居に応じない　　12 生活費を渡さない　　13 そ の 他

夫婦(2/2)

第3章 ◆ 夫と別れる方法　67

に提出します（申立書の記入例は前ページを参照）。申立書は家庭
裁判所でもらうことができますし、裁判所のホームページでも書式
が公開されているので、それをダウンロードして使用することも可
能です。申立書の記入が済んだら、1200円分の収入印紙を貼付して、
夫婦の戸籍謄本と郵券（切手）とともに裁判所に提出しましょう。

③「付随申立て」もできる

　離婚調停の申立ての際には、子どもの親権者、養育費、財産分与、
慰謝料、年金分割についての請求を同時にすることもでき、申立書
には、これらについて記載する欄も設けられています。

④申立てから調停の実施まで

　調停の申立てをしたら、裁判所との間で1回目の調停期日の調整
を行います。期日が決まったら、裁判所が相手方に調停の申立書を
送付し、同時に1回目の期日の通知を行います。

⑤実際の調停はどんな感じなのか

　調停は家庭裁判所で実施されるので、指定された期日に家庭裁判
所まで赴く必要があります。弁護士を代理人として就けた場合でも、
本人が出頭することが原則とされており、代理人のみの出頭はやむ
を得ない事由がある場合に限定されています。

　先に述べたとおり、裁判官1名と調停委員2名による調停委員会
が構成されますが、通常は調停委員2名を中心として聴き取りや調
整が行われます。

　1回目の期日の際は、調停委員から調停の手続きに関する説明が
なされた後、調停委員が申立人と相手方から交互に申立てに至った
事情や意向などを聴き取り、他方当事者に伝えて意向を聴き取るな
どして、調整を図っていきます。概ね30分ごとに交代で調停委員と

話をし、1回の調停は2時間程度で終了となります。1回の調停で合意が成立することはほとんどないので、1か月から1か月半後くらいに2回目の期日が設定され、再び裁判所に赴くこととなります。

　調停期日を重ね、離婚するのかどうか、離婚するとすればどういった条件にするのかなどを、調停委員が双方の意向を聞いて調整していきます。条件面での折り合いがつかないときなどは、調停が1年以上に及ぶこともあります。

　なお、相手方が裁判所に出頭しないときは、申立人のみが出頭して調停が開かれることとなります。1回の欠席であれば致し方ないところですが、欠席が続く場合には裁判所から出頭勧告がなされ、それでも出頭しないと、5万円以下の過料が科される可能性があります。とはいえ、欠席が続いて調停が成立する見込みがない場合には、調停は不成立とならざるを得ないでしょう。

⑥調停が成立すると「調停調書」が作成される
　無事に離婚するということで調停が成立した場合には、離婚をすることやその条件などの合意した内容が記載された「調停調書」というものが裁判所によって作成されます。この調停調書は訴訟手続きにおける判決と同じ効力を持っているので、もし一方が合意した内容に従わなかった場合には、従わなかった内容次第では、強制執行の手続きをとることができます。

　申立人は、調停が成立した日から10日以内に、調停調書の謄本を添えて市区町村長に対して離婚届を提出する必要があります。この提出を怠ってしまうと5万円以下の過料の制裁を受ける可能性があるので注意してください。

⑦調停が成立しない場合
　話し合いがまとまらず調停が成立しない場合には、審判離婚と

第3章 ◆ 夫と別れる方法　69

なる場合を除き、調停は不成立として終了となるか、申立人が調停を取り下げるかのいずれかとなります。

　なお、審判離婚とは、離婚の合意はできているものの、財産分与や子の監護の方法などについてわずかな差があるようなときに、改めて離婚裁判をすることは合理的ではないことから、それまでの調停手続きを生かして、裁判所が離婚とそれに関する条件を決めて審判という判断を出すものです。もっとも、審判離婚がなされることは非常に稀ですので、通常は裁判の手続きに進むことになるでしょう。

⑧「調停前置主義」がとられる理由

　さて、ここまでみてきて、「離婚調停を申し立てても夫が同意しない限り離婚が成立しないのであれば、最初から離婚調停ではなく裁判を起こせばよいのでは？」と感じる方もいらっしゃるかもしれません。しかし、離婚等の「人事に関する訴訟事件その他一般に家庭に関する事件」について裁判を提起しようとする者は、先に家庭裁判所に調停を申し立てなければならないとされており、原則的にいきなり裁判を起こすことはできないのです。このことを「調停前置主義」といいます。離婚等の家事事件はその性質上裁判による解決になじみにくいことから、まずは家庭裁判所の調停（＝話し合い）による解決を図ることが妥当との趣旨から、このような定めになっています。

　ただし、相手方が行方不明であるような場合など、調停の手続きを経る意味がないような場合には、例外的に調停を経ずに裁判を起こすことができます。

⑨弁護士に依頼する必要はある？

　離婚調停は当事者本人が裁判所に出頭することが原則とされてい

るため、弁護士に依頼したからといって、あなたが裁判所に行かなくてよくなるわけではありません。また、調停の場で調停委員に対して話をするのも、原則的には当事者本人です。申立ての手続きも複雑なものではありません。

　そうすると、「弁護士に依頼する必要は特にないのでは？」と感じるかもしれません。実際に弁護士に依頼することなく調停の申立てをしている人もたくさんいらっしゃいます。

　もっとも、調停ではどのようなことに重きを置いて話をしたらよいか、相手方の主張に対してどのように反論したら説得的かなど、調停を有利に進めるためには考えるべきポイントがたくさんありますが、弁護士なら調停前にそういったことをアドバイスできます。また、調停の進め方に迷ったときや、合意が成立しそうになったものの本当にその内容で合意をしていいのか迷ったときなど、疑問が生じた際に質問できる人がいるのは心強いものです。調停委員も教えてはくれますが、中立な立場ですので、どこまで親身に教えてくれるかはわかりません。一番気をつけなければならないのは、調停が成立する際の調停条項です。法的に問題のない条項にしなければ、取り返しのつかない事態になってしまうこともあります。

　まずは弁護士に相談をしてみて、調停の手続きを依頼したらどのようにサポートをしてくれるのか、メリットは何かをよく確認し、依頼をすべきかどうかよく検討してください。

第3章　◆　夫と別れる方法　　71

3-5

協議が整わない場合の手続き　その2
裁判手続き

▶調停で離婚できないときの最後の手段

(1)裁判は離婚調停が不成立になったときに行われる

　離婚調停が不成立になってしまったり、審判に対して異議を申し立てられた場合には、裁判の手続きによって離婚を目指すしかありません。裁判手続きによる離婚を「裁判離婚」といいます。

①裁判手続きの概要

　一方当事者が、裁判所に対して、離婚を認める旨の判決を求めて訴えを提起します。裁判所は、民法で定められている法定離婚事由（民法770条1項）の有無を判断し、それがあると判断したときは離婚を認める判決を出し、ないと判断したときは棄却判決を出すこととなります。また、裁判の手続きは必ずしも判決で終了するわけではなく、当事者間で合意が成立し和解により終了することもあります。

　判決となった場合には、不服のある当事者は高等裁判所に控訴をして再度の判断を仰ぐことができますし、高等裁判所の判断にも不服があれば、最高裁判所に上告することもできます。最終的には、裁判所の判断が確定し、結論が出ることとなります。

②実際の申立てはどうなっている？

　訴状を作成し、当事者の住所地の裁判所に提出します。裁判では申し立てる人を「原告」、相手方を「被告」といいますが、離婚調停と異なり、自分の住所地の裁判所に訴えを提起することも可能で、

夫（被告）の住所地の裁判所に申立てをしなければならないわけではありません。どちらか一方にとっては遠方の裁判所になってしまうこともありますが、調停のように当事者本人が出頭することが原則とされているわけではないため、代理人として弁護士を就ければ、どこの裁判所にするかはそれほど大きな問題ではないでしょう。ただし、後述のとおり、和解が成立する際は当事者本人の出頭が必要とされていますのでご注意ください。

　離婚調停と同様に、離婚以外の財産分与、慰謝料、養育費等に関しても同時に判断を求めることができます。なお、親権者については裁判所が職権で指定することになっていますが、親権を希望する場合には、自らを親権者とするよう申立てをすることが通常でしょう。

　訴状には収入印紙を貼付する必要がありますが、申し立てる事項によって額が変わってくるため、弁護士に依頼しない場合には、裁判所に聞いてみてください。

③審理の進み方

　原告が訴状を提出し、裁判所との間で1回目の口頭弁論の期日を決めます。裁判所は、被告に対して訴状と呼び出し状を送ります。そうすると、被告が1回目の口頭弁論期日までに答弁書を提出して訴状に反論をします。

　口頭弁論の期日では、双方の主張を確認したうえで争点と証拠の整理を行います。1か月から1か月半後くらいに2回目の期日が指定され、それ以降は互いに書面や証拠を提出して主張を行います。このように、原則的に書面の提出によって主張が行われ、争点に関しては証拠調べを行うことにより事実が認定され、法定離婚事由の有無が判断されます。

　争点と証拠の整理が済むと、証人や当事者が裁判所に出頭して尋

第3章 ◆ 夫と別れる方法　73

問の手続きが行われます。

④調査官による調査が行われることもある

　親権者をいずれにするのかで争いがある場合などには、家庭裁判所の調査官が調査を行うことがあります。

　家庭裁判所の調査官とは、裁判官の命令に従って、離婚等の家事事件や少年保護事件に必要な調査を行うことを職務とする裁判所の職員です。

　親権に争いがある場合に、調査官は、親権者の適格性、監護状況、子どもの意向調査などを行います。家庭訪問を行ったり、当事者や子どもを裁判所に呼んで話を聞いたり、学校や幼稚園・保育園に話を聞いたりして、監護状況に問題点がないか検討します。調査結果は、調査報告書という形でまとめられ、判決のための資料となります。

　なお、調査官による調査は、裁判だけでなく、離婚調停の手続きの中でも用いられることがあります。

⑤裁判はどうなると終了する？

　裁判は、一般的に、和解が成立するか、判決が出されることにより終了します。

　裁判の手続きの中で、裁判所は当事者間に和解による解決を促すことがあります。裁判では最終的には裁判所による判決がなされるため、判決の見通しを踏まえて、裁判官は和解を促すのです。たとえば、裁判官が法定離婚事由があると思っている場合に、離婚を拒否している被告に対し、「このままでは離婚の判決になってしまうから、和解の話し合いをして財産分与で有利に話を進めたほうが良いのではないか」というように話を持ちかけたりするのです。それを受けて当事者間で合意が成立すれば、離婚が成立します。なお、

離婚以外の財産分与等の申立てに関しては、その一部または全部を和解の対象としないこともできるので、離婚だけ成立させて、財産分与についてはそのまま争い続けるということもあります。離婚の和解は重要な身分行為であることから、当事者本人が裁判所に出頭することが必要とされています。

和解が成立しない場合には、裁判所は判決を下すこととなります。判決の場合には、離婚以外の財産分与等に関しても同時に判断が下されます。

和解により離婚が成立した場合や、離婚を認める判決が確定した場合には、和解が成立した日または判決が確定した日から10日以内に和解調書等を添付して離婚届を提出しなければなりませんので、忘れないようにしましょう。

⑥判決に不服があれば控訴・上告が可能

家庭裁判所の判断に不服がある場合には、高等裁判所に控訴をすることができます。離婚を認める判決が出された場合で、離婚は構わないが財産分与に納得がいかないというときは、財産分与についてのみ控訴を行うこともできます。

また、高等裁判所の判決にも納得がいかない場合には、最高裁判所に上告をすることができる場合もあるでしょう。

⑦弁護士に依頼しましょう

裁判の段階になると、調停とは異なり、弁護士に依頼する場合がほとんどでしょう。調停では口頭で話をすることがほとんどなのに対して、裁判では書面で主張をしたり証拠を用意して提出したりする必要があり、一般の人が自力でこれを行うのは困難であること、裁判の期日には代理人さえ出頭すれば当事者本人は基本的に出頭しなくてよいことが、その理由として挙げられるでしょう。

第3章 ◆ 夫と別れる方法　75

裁判では、法定離婚事由があることを、証拠と共に効果的に主張する必要があります。仮に失敗すれば離婚できないことになってしまうので、離婚裁判の経験が豊富な弁護士に依頼し、手続きを任せるとよいでしょう。弁護士の探し方や費用に関しては、第4章で詳しく説明します。

第4章

夫と別れる前に
やっておくべきこと

　いざ離婚をするとなると、事実上も法律上も
様々な変化が生じることになります。

　離婚を考え始めたいま、どういったことを考
え、どういう準備をしておけば良いのかについて、
本章で説明していきます。

4-1

「別れたい」という気持ちは変わらないか

▶ 気持ちが絶対にブレないか自問自答してみる

　日々のささいな争いごとやちょっとした喧嘩、相手の思いやりのないようにみえる態度など、その積み重ねで「別れたい」という思いが募ることは多いでしょう。時にその気持ちが急激に大きくなり、今日明日にも、夫に離婚の意思を告げたいと思うことがあるかもしれません。

　しかし、別れを切り出したものの、いざ冷静に考えると夫婦仲が良かった時のことを思い出して心変わりしたり、今後の生活の不安から離婚をためらったり、子どものことを考えるとやっぱり…、と離婚を考え直すこともありえます。いったん離婚話を切り出してしまうと、仮に、その場では離婚の取りやめができたとしても、その後の夫婦関係の修復は難しいことが通常です。

　また、離婚が成立した後では、それこそ後の祭りになってしまいます。したがって、言うまでもないことかもしれませんが、離婚話を切り出す際には、意思が固まっている必要があります。

　この本を手に取っていらっしゃる人であっても、「別れたい」という気持ちにはかなり濃淡があると思います。この本で離婚に伴う心身、経済的リスク等を十分検討したうえで、絶対に気持ちがブレないかどうかしっかりと考えましょう。

4-2
子どもがいる場合は
親権を持ちたいか考えてみる

▶育てるために整えるべき条件はたくさんある

　子どもがいて離婚を考えている場合には、その子をどうするか、どうしたいか、というのはたいへん大きな問題だと思います。自分の元で育てたいという人は、離婚の際に親権を獲得したいと思うでしょう。

　しかし、仮に、親権を獲得して自分の元で育てていくとした場合には、検討すべきこと、やらなければならないことが多くあります。たとえば、どのくらいの収入があれば育てていくことができるのか、子どもを育てるための費用、進学をする場合には学費等をどう調達するのか、転居をする必要があれば保育園や学校等子どもを育てるための環境をどう考えるか、自分が仕事をする場合、周りの協力体制が整っているか、等が挙げられます（親権に関しては、第6章で詳しく解説する）。

　このような事項をしっかり検討したうえで、自身が親権を獲得したいかどうかを考えましょう。夫も親権を望んだ場合には、どちらが親権者としてふさわしいかが争われることになります。親権を獲得したいと考えた場合には、親権を獲得するためにも、離婚後スムーズに子どもを育てていくことができるよう準備をしていきましょう。

第4章 ◆ 夫と別れる前にやっておくべきこと　79

離婚したい～悩んだ場合の相談先

　離婚について悩んでいるときには、第三者の意見を聞くのも有効な場合があります。離婚についての相談先としては以下のようなところがあります。

相　談　先	目　　的
離婚カウンセラー	「現時点での夫婦関係は修復不可能なのか」など、法律以外の離婚問題全般について気軽に相談したい場合に適切。離婚問題に直面した人から数多くの相談を受けた経験に基づいて、最適なアドバイスをもらうことができるかもしれない。 離婚カウンセラーに相談したいときには、自分の住所地と掛け合わせて、たとえば「離婚カウンセラー　東京」と検索してみるとよい。また、離婚についての書籍の著者に相談できるのであれば、その著者に連絡してみるのもよいだろう。
自治体の相談窓口	近場で相談できるのが自治体の相談窓口。相談自体は無料だが、予約がいっぱいでなかなか順番が回ってこなかったり、相談時間帯が限られてしまうのがデメリット。自治体のホームページや広報紙を確認するか、直接、自治体にお問い合わせのこと。
探偵	確信はないものの、夫の浮気が疑われて離婚するために浮気の証拠がほしいときには、探偵に依頼する方法がある。たとえば、「浮気　調査　東京」などと検索して探偵を探すことができる。
弁護士	離婚ができるかどうかの法的な判断が聞きたいとき、または離婚する意思がある程度固まっていて今後の流れについてアドバイスがほしいということなら、弁護士への相談をお勧めしたい。弁護士は法律の専門家なので、話を聞いたうえで、法的なアドバイスができるし、離婚の見通しについても話すことができる。最近では、離婚問題の初回の相談料を無料としている法律事務所もあるので、一度、相談するのもよいだろう。

4-3
離婚後の生活をできる限り
具体的に想像してみる

▶住まい、仕事、お金などを考えておく必要がある

　離婚した後の生活はどうなるでしょうか。たとえば、住まいはどうでしょう。

・いま住んでいる家は持ち家ですか？
・ローンはありますか？
・離婚してもいまの家に住み続けたいですか？
・夫が住むといったらどうしますか？
・処分したほうがよさそうですか？

　生活の拠点となる住まいに関してだけでも、以上のように考えなければならないことは山ほどあります。現在、職に就いていない人や、自活するだけの収入がない人は、自活するだけの職を得られそうかどうかも考えなければなりません。離婚後に慌てないためにも、離婚後の生活について、できる限り具体的に想像し、準備することが大切です。

(1)住まいはどうする？
　離婚する場合、離婚後、どこに住むかというのはまず初めに考えなければならないことのひとつです。離婚しても住むところがあるということは精神的な安心感にもつながりますので、離婚後の住まいを確保しておくのが良いでしょう。実家の親と同居できたり、夫婦名義のマンション等を財産分与として譲り受けたりする場合は問題ありませんが、多くの人は、賃貸物件を探すことになると思いま

第4章 ◆ 夫と別れる前にやっておくべきこと　81

す。ただ、離婚直後は資力に乏しかったり、保証人がいなかったり
等、賃貸物件を探すのも簡単ではありません。

　ですから、離婚後の住まいについては、離婚前にしっかり調査し
て計画を立てておくことが必要です。

　なお、どこにでもあるわけではありませんが、ＮＰＯ法人等が母
子家庭専用のシェアハウス等を経営しているような場合もあるので、
離婚する前からしっかり調査・準備しておきましょう。

⑵仕事はどうする？

　離婚後の生活のためには、できれば安定した収入を確保したいと
ころです。そのためには、専業主婦であればまずは仕事を見つける
必要があるでしょうし、すでに働いていても、自分の収入だけでは
今後の生活が厳しそうであれば転職を検討したり、あるいは、資格
を取得して大幅な収入アップをはかったりということを考えても良
いかもしれません。

　なお、女性が離婚後に仕事を探す場合には、まず自分の生活費が
どの程度かかるのかを計算しておく必要があります。これまで、夫
の収入で家計をやりくりしてきたのとは大きく状況が異なってきま
すから、生活に絶対に必要なものだけを列挙して、どの程度生活費
がかかるのか客観的に算出してみたうえで、就職活動をするとよい
と思います。

①専業主婦が離婚後に仕事を見つけて収入を得るには

　専業主婦だった人が、離婚後いきなり安定した収入に繋がる仕事
を見つけるのは、実際は困難だろうと思います。ただ、それでも働
かなければ生活していくことができません。

　そのような場合は、仕事を探す段階であまり高望みをせず、まず
は一定のキャリアをつくるというのも１つの方策です。ずっと無職

だった人より、一定期間働いていた人のほうが企業の担当者としては採用しやすいからです。とりあえずは、正社員でなくとも、また、希望の業種でなくとも採用してもらえるところで働いてみて、一定の実績を積んだあとに転職を考える方法も視野に入れましょう。

②シングルマザーが離婚後に仕事で収入を得るには

シングルマザーの場合も前述の専業主婦の場合と同様ですが、どうしても子どもの病気などで急な休みが多くなったり、残業があまりできなかったり等の理由で、採用に後ろ向きな企業が多いことは否定できません。

この点、最近では、女性の経営者や管理職がいる会社等で、積極的にシングルマザーを採用している会社もあるので、そのような会社を調査してみるのもよいでしょう。また、シングルマザーを採用すると国から会社に対して助成金が支給される場合があるので、このような制度を利用している会社を探すのもよいでしょう。

(3) 自立が大切！

離婚後の生活でまず考えなくてはいけないのは経済的な自立です。身も蓋もない話ですが先立つものはお金です。離婚後の生活が心配で離婚できないとあきらめてしまう人が多いくらい、経済的な問題は重要です。特に夫の収入に経済的に依存している妻にはもっとも重要かつ重大な問題だといえるでしょう。

離婚にあたっては、別居するのが通常ですが、別居には引っ越し費用や敷金・礼金、当面の生活費などまとまったお金が必要になります。これらを考えるとできれば100万円くらいは確保しておきたいところです。「夫からもらう慰謝料で賄えるのでは？」と思う人もいらっしゃるかもしれませんが、慰謝料は離婚後でないともらえませんし、そもそも離婚の原因によっては全くもらえないケースも

多々あります。したがって、日頃から自分名義の預貯金を作るようにすることが重要になります。離婚を少しでも考えるようになったら、仕事を増やす、倹約するなどして貯金しましょう。

⑷離婚後にもらえるお金

　離婚に際しては次のようなお金をもらえる場合があります。詳しくは第5章、第6章に譲りますが、離婚の話し合いの間や離婚後の生活設計にあたり、自分はどれについて、どれくらいもらえそうかということを知っておく必要があります。

◆離婚後にどんなお金がもらえる？◆

名　称	内　容
婚姻費用	婚姻費用は婚姻期間中の生活費のことで、正確には離婚後ではなく、離婚までの間にもらえる。離婚の話し合い中に別居するケースなどで夫に請求していくことになるが、家庭裁判所の基準（算定表）に基づいて具体的な金額が決まるのが一般的。 詳しくは、104ページを参照のこと。
財産分与	離婚の際、夫婦共同で増やした財産は2分の1の割合で清算する。財産の名義は問わないが、婚姻前からも持っていた財産や、相続で得た財産は分与の対象にならない。また、借金が多い場合には分けるべき財産はないということになる。 詳しくは、112ページを参照のこと。
慰謝料	離婚原因が、相手方の不倫やＤＶなど「相手が一方的に悪い」ものである場合は慰謝料を請求できる。しかし、性格の不一致などどちらか一方だけが悪いとはいえない場合には相手に慰謝料を請求できない。 詳しくは、120ページを参照のこと。
養育費	子どもがいる場合には、離婚後、通常子どもが20歳になるまで養育費をもらうことができる。これも婚姻費用と同様、家庭裁判所の基準（算定表）に基づいて具体的な金額が決まるのが一般的。 詳しくは、152ページを参照のこと。
公的な助成金	離婚してシングルマザーとなる場合には、母子手当など様々な公的な助成金をもらえる可能性がある。 詳しくは、155ページを参照のこと。

4-4

別れたい理由が「法定離婚事由」に あたるかどうかを確認する

▶相手が拒んでも裁判によって離婚できる可能性はある

「相手が離婚を拒んだ場合、それでも離婚できる？」「どのような流れで離婚手続きを進めるのがいい？」といった疑問には、「別れたい理由が法定離婚事由にあたるかどうか」、が解消の糸口のひとつになります。今後の方針を決めるためにも、自分の別れたい理由が法定離婚事由にあたるかどうかを確認しておきましょう。

(1)法定離婚事由とは

民法では、一定の事由がある場合には裁判によって離婚できるとされており、この事由を「法定離婚事由」といいます。言い換えれば、法定離婚事由があれば、相手が離婚を拒否しても裁判で離婚が認められるということになります。そして、民法770条1項では次の5つを法定離婚事由としています。

---

①**不貞行為**（770条1項1号）

②**悪意の遺棄**（同条項2号）

③**3年以上の生死不明**（同条項3号）

④**強度の精神病にかかり、回復の見込みがないこと**（同条項4号）

⑤**その他婚姻を継続し難い重大な事由があること**（同条項5号）

もっとも、ここで注意しなければいけないのは、**これらの原因が相手方にあることが必要ということ**です。これらの原因を自ら作り出した者、たとえば自分が不貞をした者からの離婚請求を認めたの

第4章 ◆ 夫と別れる前にやっておくべきこと　85

では、社会一般の正義感覚に反するからです。こうした法定離婚事由を自ら作り出した配偶者は「有責配偶者」と呼ばれ、有責配偶者からの離婚請求は原則として認められず、例外的に認められるのは、厳しい条件を満たした場合のみとなっています。

(2)法定離婚事由の内容

①不貞行為とはどういうもの？

　ここで不貞行為の意味をしっかりと確認しておきましょう。民法にいう不貞行為とは、配偶者がある者が、自由意思で配偶者以外の異性と性的関係を持つことです。

　したがって、単にデートしたとかプラトニックな関係であれば不貞行為ではないので、世間一般にいう不倫より限定的な場面を指すことになります（もっとも、このような場合でも、程度等によっては後で説明する「婚姻を継続し難い重大な事由」とされる可能性はあるだろう）。

　そして、**不貞行為により離婚できる場合とは、このような不貞行為によって婚姻関係が破壊されたといえる場合**、すなわち、**不貞行為と婚姻関係の破綻に因果関係がある場合**です。したがって、既に別の原因で婚姻関係が破綻していた後に、性的関係があったとしても、これによって婚姻関係が破壊されたわけではないので、770条1項1号にいう不貞行為にあたらず、それを理由とした離婚はできないということになります。

②悪意の遺棄

ア　悪意の遺棄とはどういうことか

　悪意の遺棄とは、配偶者が正当な理由なく、他方の配偶者との同居を拒む、協力しない、他方配偶者と同一程度の生活を保障してくれないなどの場合をいいます。夫婦は同居協力扶助義務という義務

を負っています（民法752条）が、この**同居協力扶助義務を正当な理由なく果たさないのが悪意の遺棄**ということです。

　具体的には、次のような場合が考えられるでしょう。

・理由なく同居を拒む

・生活費を渡さない

・他方配偶者を虐げ家から追い出す　など

　いずれも「正当な理由なく」というところがポイントです。したがって、仕事の関係で単身赴任する必要があり別居せざるを得ない、病気で働けないために生活費を渡せないといった場合は悪意の遺棄にはあたらないことになります。

イ　悪意の遺棄と別居

　悪意の遺棄で問題になるのは、離婚に向けての別居が悪意の遺棄にあたるのではないかという点です。

　離婚に向けて別居するということはよくあることですが、別居すれば同居協力扶助義務に違反することになるわけですから、黙って家を出ると、相手方から悪意の遺棄と非難される場合があります。また、別居の態様によっては婚姻を継続し難い重大な事由とされる可能性もありますから、別居にあたっては、話し合いのうえ、相手方から同意を得ておくことに越したことはないでしょう。

③３年以上の生死不明

ア　生死不明とは

　相手方配偶者が、**最後の消息があったときから３年以上、生死不明である場合**には離婚ができます。

　行方不明でも、生存していることがわかっている場合には生死不明にはあたりません。また、単に連絡を取らないから消息がわからないというのでは、生死不明とは認められません。警察に捜索願を出して捜査をしてもらう、戸籍を追うなど手を尽くしても見つから

第4章 ◆ 夫と別れる前にやっておくべきこと　87

なかったということが求められます。

イ　失踪宣告を利用することも検討する

　失踪宣告とは、生死不明の者に対して、法律上死亡したものとみなす効果を生じさせる制度です。失踪には種類があります。

　不在者（従来の住所又は居所を去り、容易に戻る見込みのない者）につき、その生死が7年間明らかでないときの「**普通失踪**」と、戦争、船舶の沈没、震災などの死亡の原因となる危難に遭遇しその危難が去った後その生死が1年間明らかでないときの「**危難失踪**」です。これらに該当する場合、家庭裁判所は申立てにより、失踪宣告をすることができます。

　失踪宣告を利用するメリットは、離婚して財産分与をする場合と異なり、配偶者死亡の場合と同様、宣告を受ければ配偶者の財産を相続することができる点です。失踪宣告が受けられるような場合には失踪宣告の制度を利用することも検討するといいでしょう。

④強度の精神病にかかり、回復の見込みがないこと

ア　回復の見込みがないことが必要

　夫婦間には同居協力扶助義務があるということについて前述しましたが、一般的には相手方が病気にかかったような場合こそお互いに助け合い、かかる義務を果たすべき必要があるといえます。しかし、一方で夫婦関係の基礎は精神的なつながりですから、強度の精神病によってこれが失われ、しかも回復の見込みがない時まで他方配偶者を形骸化した婚姻関係に拘束するのは酷です。したがって、**民法は相手方が強度の精神病にかかり、回復の見込みがない場合には離婚できるものとしています**。回復の見込みがないかどうかは、精神科医の診断を参考に、最終的には裁判官が判断します。

イ　さらに具体的方法を尽くす必要がある

　もっとも、相手方が強度の精神病にかかり、回復の見込みがなけ

ればすぐ離婚できるというわけではありません。判例（最判昭和33年7月25日）では、夫婦の一方が不治の精神病にかかっている場合でも、「諸般の事情を考慮し、病者の今後の療養、生活などについて、できる限りの具体的方途を講じ、ある程度において前途にその方途の見込みのついた上でなければ、婚姻関係を廃絶することは不相当」（離婚は認められない）としています。すなわち、**精神病になってしまった配偶者の離婚後の生活に目途を立てなければ離婚できない**とされているのです。

⑤その他婚姻を継続し難い重大な事由があること
ア　婚姻を継続し難い重大な事由とは
　婚姻を継続し難い重大な事由とは、前述した事由にはあたらないものの、夫婦関係を修復不能なほどに破綻させ、円満な夫婦生活の継続が困難となるような事由のことをいいます。個々具体的なケースごとに判断されるものですから、あるケースでは婚姻を継続し難い重大な事由に該当するとされた事由も、違うケースではそうではないと判断されることもあり得ます。
イ　婚姻を継続し難い重大な事由の例
　過去の裁判例では、次のような事情をもって、婚姻を継続し難い重大な事由に該当すると判断された事案があります。
• 長期間の別居
• ドメスティックバイオレンス（ＤＶ）、モラルハラスメント（モラハラ）
• セックスレスなどの性の不一致
• アルコール中毒、薬物依存
• 過度な宗教活動
• 犯罪行為にともなう服役
• 過度の浪費

もっとも、前述のとおり、どのようなケースでもこれらがあれば婚姻を継続し難い重大な事由があるということにはならないという点には注意が必要です。夫婦の形は色々ありますから、当該夫婦のすべての状況に照らして、婚姻を継続し難い重大な事由にあたるのかを判断するためです。

　ちなみに、よく「性格の不一致」で離婚をしたいと相談される人がいらっしゃいますが、単に「性格の不一致」というだけでは婚姻を継続し難い重大な事由があるとはいえません。その「性格の不一致」により婚姻を継続し難いとまで認められるだけの個別具体的な事実を証明する必要があるのです。

(3)法定離婚事由にあたらない場合

　これまで述べてきたように、離婚したい理由が法定離婚事由にあたらない場合には、裁判によって離婚が認められることはありません。もっとも、夫婦お互いの合意さえあれば裁判所の力を借りる必要なく離婚ができますから、理由がなくても夫が合意してくれれば離婚することは可能です（協議離婚）。また、調停は裁判所で行う手続きですが、あくまで話し合いにより解決を図る場なので、夫が合意してくれれば調停の場で離婚することも可能です（調停離婚）。つまり、**理由がない場合であっても夫が合意してくれるならば離婚はできる**ということになります。

　ただ、具体的な理由がないことには夫がなかなか離婚に合意してくれない可能性が高いでしょうから、場合によっては時間をかけて、根気強く夫を説得する必要があるでしょう。

　繰り返しになりますが、裁判離婚では理由のない離婚はほぼ認められないと考えてください。**理由がなくても離婚できる場合とは協議離婚、調停離婚のみ**になることを理解しておきましょう。

4-5

共有財産を確認する

▶「特有財産」は財産分与の対象ではない

　離婚に伴う財産分与を円滑に進めるためには、婚姻後夫婦で協力して築いた夫婦の「共有財産」を特定する必要があります。財産状態の把握は別居すると難しくなりますから、同居している間に夫婦の共有財産を確認し資料をそろえておきましょう。

　財産分与の詳細については112ページ以降に譲りますが、一般的には、婚姻から別居に至るまでの間に増えた財産が共有財産となります。婚姻以前からの財産は基本的に共有財産に含まれません。また、婚姻後であっても夫婦の一方が相続により取得した財産は夫婦で共同して築いたとはいえないので財産分与の対象となりません（これらを「**特有財産**」という〈民法762条1項〉）。

　たとえば、以下のようなものが共有財産にあたります。

◆共有財産とは◆

- 婚姻後に購入した土地・家などの不動産
- 婚姻後に増えた預貯金
- 婚姻後に借り入れたローン・借金
- 婚姻後に飼い始めたペット　など

　婚姻後夫婦の預貯金が増えていれば、その分は夫婦共同で増やしたものなので共有財産として財産分与の対象となります（仮に夫婦どちらか一方の名義であっても、実質的には夫婦の協力によって得られた財産であると評価されれば財産分与の対象になる）。それだ

第4章 ◆ 夫と別れる前にやっておくべきこと　91

けでなく婚姻後に買った物なども共有財産になります。

　借金も「マイナスの共有財産」（消極財産ともいう）として扱われますので、夫婦のための借金であればこれも財産分与の対象です。もちろん、夫婦のためではなくギャンブル等の個人的な理由で作った借金は共有にはなりません。財産分与にあたってはプラスの財産からマイナスの財産を差し引いた残りを計算して分与割合を定め、それに合わせて清算するというのが一般的な分与の方法なので、マイナスの共有財産もしっかり把握しましょう。

　共有財産の資料となるものとしては、たとえば、以下のようなものがあります。

◆共有財産の資料となるもの◆

・配偶者の預貯金通帳（または通帳のコピー）
・所得を証明する書類（給与明細、確定申告書類など）
・不動産を所有している場合には不動産登記簿
・生命保険に加入していれば生命保険に関する書類
・株などやっている場合には証券口座の明細　など

　別居してしまうとこれらの資料を得ることは難しくなりますから、同居中に準備しておくのがよいでしょう。

4-6 夫の収入を確認する

▶養育費算定の目安になるから同居中に把握しておく

　子どもの親権を得た場合、当然夫に養育費を請求できますが、養育費の額の算定には双方の収入が関わってきます。離婚後の生活を考えるためには、事前にどのくらいの養育費が見込めるか算段しておきたいですから、夫の収入がどのくらいあるかをあらかじめ把握しておきましょう。

　夫の収入の把握も、別居すると難しくなるケースが多いでしょうから、同居中に収入を把握しておきましょう。

◆収入を確認できる資料にはどんなものがある？◆

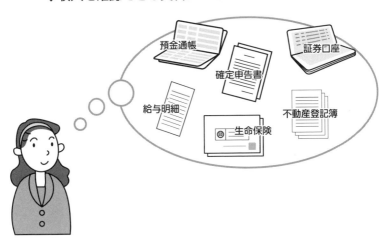

第4章 ◆ 夫と別れる前にやっておくべきこと　93

4-7

証拠を収集、保全する

▶不倫、不貞、DV、モラハラを争うときの材料になる

　ここまで述べてきたような財産分与のための資料等の証拠関係、不貞やDV、モラハラ等離婚事由を証明する資料は、同居中のほうが収集しやすく、別居後に収集することは困難な場合が多くなります。そのため証拠は、あらかじめ収集し、消されたりしないよう保全しておきましょう。夫が離婚事由や財産分与の内容を争ってきたような場合には証拠の有無が勝負を決しますし、そもそもこちらに十分な証拠があれば、夫側も多くを争うことはできなくなりますから、早期の解決が見込めます。

　財産分与の資料例については前述しましたが、裁判において、不倫、不貞の証拠となるものには以下のようなものがあります。

◆不倫、不貞の証拠となるもの◆

・メールやSNSの記録
・写真、画像や動画
・本人の不貞を認める発言等　　など

(1)メールやSNSの記録

　不倫相手との間で、メールやSNS上での会話があったということだけでは、直接不倫、不貞を証明することはできませんが、一緒にホテルに泊まったとか、旅行に行った等の内容があれば不貞を証明することが可能です。また、直接的ではなくても性行為を示唆す

るような内容があれば、間接的な証拠となります。メールやＳＮＳ
の記録は、写真を撮るなどして保存しておくことが大切です。

(2)写真、画像や動画

パートナーと不倫相手の写真等も不倫の証拠となります。

メールやＳＮＳの場合と同様、ただ２人で写っているだけでは足
りませんが、一緒にホテルに入るところや、相手の家に入っていく
ところの写真や、旅行先での写真があれば、不倫の証拠となる可能
性は十分です。最近では、相手の携帯電話等にホテルの中でのツー
ショット写真が残っている場合等もあります。一緒にホテルに入る
ような場面の写真はなかなか撮ることができませんが、一般的には
探偵等に調査を依頼して取得する場合が多いようです。

(3)本人の不貞を認める発言等

夫本人や夫の不倫相手を問い詰めたところ不貞を認めたという場
合は、立派な不貞の証拠となります。もっとも、これは証拠化して
おかなければ、後で言った言わないの水掛け論になってしまうので、
不貞を認めた発言を録音しておくか、その内容を書面にさせておく
ことが大切です。

(4)その他の証拠

先に述べたように不貞の証拠となるかどうかは、不倫相手との間
での肉体関係が証明できるかどうかが重要です。そのため、クレジ
ットカードの記録や領収書などからホテルに泊まっていることがわ
かっても、１人で泊まったと言われてしまう可能性があるので、不
貞の証拠としては弱いと言わざるを得ません。ただ、それでも全く
役に立たないわけではありませんし、他の証拠と合わせて不貞を証
明できる場合もあるので、不貞を疑わせるものがあれば、できる限

第4章 ◆ 夫と別れる前にやっておくべきこと　95

り保存しておいたほうがよいでしょう。

　ＤＶやモラハラの証拠については、次のようなものがあります。

◆DVやモラハラの証拠になるもの◆

・診断書
・警察への相談履歴
・ＤＶやモラハラ状況の録音
・高圧的なメールやＳＮＳの履歴
・詳細に記録した日記　など

　暴行を受けた際の診断書はもちろん、ＤＶの場合には警察に相談するなどしておけば、後に警察から相談履歴を出してもらうことができます。また、夫が暴行を加えたり、説教したり怒鳴ったりしているところを録音したり、夫から届いた高圧的なメールやＳＮＳも保存したりすると良いでしょう。日記は、その都度、日時を明らかにして詳細につけておくのが効果的です。

4-8

弁護士に相談する

▶ 事件解決の依頼でなくても話を聞いてもらえる

　ここまで述べてきたような内容を検討し、離婚の意思が固まってきたら、弁護士に相談してみましょう。弁護士に相談すれば、疑問点や証拠収集についてのアドバイスを受けられることもあるでしょうし、信頼できると感じた場合にはそのまま離婚問題の処理を依頼することもできます。後悔しないためにも、一度は専門家の話を聞いてみることをお薦めします。

(1)弁護士に依頼するメリット

　弁護士に離婚問題の処理を依頼するメリットとしては、次のような点が挙げられます。

①すべてを任せることができる

　弁護士に事件の処理を依頼すれば、基本的にすべての手続きを代行してもらうことができます。自分で相手方と話をしたり、面倒な書面の作成を行う必要はありません。

②弁護士の法的知識・経験を利用できる

　手続きを代行してもらえるだけでなく、法律や過去の裁判例についての弁護士の知識や過去の経験を提供してもらえます。

　特に訴訟（裁判）は、相互に証拠に基づき法的な主張を尽くし、それに基づいて裁判官が判断を下す手続きですから、弁護士の法的知識や経験をもとにした助力を得られるに越したことはないでしょ

第4章 ◆ 夫と別れる前にやっておくべきこと　97

う。

　また、交渉や調停でも、「よくわからないまま相手方の言い分を
のんで合意した結果、自分の予想外のことになって困ってしまった」
といった話をしばしば聞きますが、弁護士に依頼すればそのような
事態を避けることができます。

③離婚する意思が固いことを示せる

　離婚事件においては、特に交渉・調停段階では弁護士に依頼しな
い当事者も多くみられます。その中であえて弁護士に依頼したとい
うこと自体で、離婚等についての強い意思を示すことができるでし
ょう。

⑵依頼するなら離婚に強い弁護士に

　相談するのであれば当然、離婚に強い弁護士を頼りたいところで
す。離婚に強いかどうかは、次のような点が判断基準になり得ます。

①離婚問題に関する知識

　まず、当然ですが、離婚問題に関する知識をしっかりと持ち合わ
せていることが重要です。離婚は単に男女関係の清算というだけで
は片づけられない様々な法的な問題があります。具体的には、財産
分与、慰謝料や年金分割、子どもがいる場合には親権や養育費も問
題になります。実際の離婚は、これらが絡み合っており、１つひと
つに精通していなければ全体を適切に処理することができません。
納得のいく解決を導くためにも、離婚問題に関する知識が豊富な弁
護士かどうか、しっかり見極めましょう。

②離婚事件の経験数が多いこと

　事件処理の数というものも重要です。経験数が多ければ、事件の

内容に応じて、交渉からはじめるべきか、すぐに調停に移行すべきかなど適切な手続きの選択が可能になり、時間を節約できます。また、その際の処理の見立て、事件の進行の方法、相談者にとって不利になる点とその対策等については、単に法律的な知識があればいいというわけではなく、実際に多くの事件を処理し経験をしないとわからないものですから、事件処理の件数はそれだけ強みになるといえるのです。

⑶弁護士の探し方

では、離婚問題に強い弁護士はどのように探せばいいでしょうか。

①親族や知人等の紹介

今も昔も、まずは親族や知人などに弁護士を紹介してもらうという方法が挙げられるでしょう。実際に親族等が利用した弁護士であれば信頼できるでしょうし、弁護士も、紹介の場合、より丁寧な対応をしてくれることもあるようです。

②法律事務所のウェブサイトを検索する

離婚に強い弁護士を探すためには、離婚の詳しい情報が載っているウェブサイトを持っている法律事務所をあたってみるのもよいでしょう。インターネットで離婚に関する事項を検索すれば、表示された法律事務所のウェブサイトを確認することができます。これまでの実績や過去の依頼者の声といった情報を掲載している事務所もあり、そういった実際の情報をもとに依頼する弁護士を探すのも1つの手段です。

検索方法としては、たとえば、Yahoo!やGoogleなどに、「離婚弁護士」などと入力すれば検索できます。場合によっては、「離婚弁護士　東京」などのように、お住まいの地域と掛け合わせてみて

第4章 ◆ 夫と別れる前にやっておくべきこと　99

も良いでしょう。

③弁護士検索サイトを利用する

　現在、「弁護士ドットコム」など、多くの弁護士が登録する弁護士検索サイトがいくつか存在しています。各弁護士が自分の得意分野を紹介していますので、離婚を得意分野として挙げている弁護士に連絡をとり面談をしてみるという方法もあるでしょう。

　弁護士検索サイトとしては、以下のようなものがあります。

◆代表的な弁護士検索サイト◆

- 弁護士ドットコム（https://www.bengo4.com/）
- ホウツウ（https://how2-inc.com/）
- 離婚弁護士相談広場（https://www.riconhiroba.com/）

④離婚関連の書籍の著者をあたってみる

　離婚関連の書籍は数多く刊行されており、その著者が弁護士であるということも少なくありません。一定以上の離婚問題に関する知識や経験があるからこそ執筆できるわけですから、離婚関連の著書のある弁護士から探すという方法も考えられるでしょう。

(4)弁護士とお金

　弁護士に相談や依頼をしたくても、どのくらいお金がかかるのかわからないので二の足を踏む方も多いのではないでしょうか。そこで、以下では弁護士にかかる費用等について説明していきます。

　以前は弁護士報酬については、日本弁護士連合会（日弁連）が定めた報酬の基準に従うこととされていました。しかし、平成16年4月に弁護士報酬が自由化されたため、現在は各法律事務所・各弁護

士によって、報酬が異なり、現在では弁護士費用が一律に決まっているわけではありません。

離婚にあたり弁護士に依頼する場合、一般的に次のような費用がかかります。

①相談料

離婚事件を弁護士に依頼する前の段階で、弁護士との相談にかかる費用です。現在の状況を弁護士に伝え、今後どのように離婚の手続きを進めたら有利な結果を得ることができるかを相談するために必要な費用です。

1時間1万円というところが一般的ですが、初回相談は1時間まで無料というところも多く見受けられます。

②着手金

弁護士が事件に着手するためにかかる費用です。通常、着手金を受け取ってからでないと弁護士は事件に着手しません。事件処理の結果に不満があったとしても、また、依頼者が途中で弁護士を解任したとしても、原則として支払った着手金は返ってきません。

依頼内容が交渉なのか、調停なのか、訴訟なのかによって金額が異なる場合が多いですが、いずれの段階でも20万〜50万円というところが多いようです。費用について細かい規定がある事務所ですと、何について問題になっているかによっても（たとえば、親権が問題になっているのか、財産分与が問題となっているのか）、費用が定められていることもあるようです。

③成功報酬

事件終了時点で弁護士に支払う費用です。事件を無事に終了させたことに対する報酬の他、望んだ結果を獲得できたことについての

第4章 ◆ 夫と別れる前にやっておくべきこと　101

報酬（親権獲得など）、相手方から実際に得られた経済的利益（財産分与や慰謝料等）に対する報酬がかかることが一般的です。

着手金と同額から2倍程度＋経済的利益の10％程度の報酬となることが多いようです。

④日当

弁護士が事務所を離れて事件に対応した場合に支払う費用です。相手方のもとに交渉に赴いたり、裁判所に出頭したりした場合などに支払う必要があります。所要時間によっては日当が発生しないこともありますし、所要時間が半日かかるのか丸一日かかるのかによっても金額は違ってきます。

半日（移動時間が2〜4時間程度）の場合で3万円程度、1日（移動時間が4時間程度以上）の場合で5万円程度に設定していることが多いようです。

⑤消費税

弁護士費用には消費税がかかります。

⑥実費

以上に加えて弁護士費用ではありませんが、弁護士が事務所を離れて移動した場合の交通費、依頼者や相手方への郵便物を送付した場合の切手代、裁判所に収める印紙代、依頼者等にお金を振り込む際の振込手数料などの実費は依頼者が負担します。

第5章

離婚とお金について
知っておくべきこと

　離婚を考えた際、まず一番に不安なこと、それはお金のことではないでしょうか。

　本章では、離婚とお金について説明していきます。

5-1 婚姻費用とはどんなもの？

▶別居から離婚成立までの生活費は請求できる

(1)婚姻費用とは

離婚を考えた際、別居を考えたほうがいいということは第3章で説明したとおりです。

ただし、いざ別居しようとしても、別居後の家賃を含めた生活費をどうするかということが不安でなかなか別居に踏み切れないことが多いと思います。特に、現在、専業主婦やパート収入だけの人は、余計に不安が大きいのではないでしょうか。

そこで、まず皆さんに知っておいていただきたいのは、**別居後であっても婚姻関係が継続している以上は、収入の少ない配偶者から収入の多い配偶者に対して生活費の請求が原則として認められる**ということです。

このような生活費のことを法律の世界では"**婚姻費用**"と呼んでいます。

簡単にいうと……
婚姻費用＝婚姻期間中の生活費

(2)婚姻費用の金額はいくらぐらい？

　婚姻費用の金額については、おおまかな基準があります。

　いわゆる「**算定表**」（「養育費・婚姻費用算定表」。巻末資料を参照）と呼ばれるもので、家庭裁判所での調停や審判で、婚姻費用の金額を算定する場合に参考にされているものです。

　現在の家庭裁判所の運用では、基本的に、この算定表に基づいて婚姻費用の金額を決めているので、算定表を確認することで、夫に請求できる婚姻費用の目安を知ることができます。

　子どもがいないか、子どもがいても全員成人している場合には、巻末資料の「表10」（婚姻費用・夫婦のみの表）をみてください（ただし、成人していても子どもが学生の場合などには、婚姻費用の算定において子どもの存在を前提に計算することもある）。算定表は、横軸に請求者（権利者）の収入、縦軸に支払義務者の収入が年収で記載されており、それぞれの該当する金額から縦横に線を伸ばした合流点に記載された金額が、あなたが夫に対して請求できる婚姻費用の目安になります。

　また、最近、日本弁護士連合会が新たな算定表を作成しました。日本弁護士連合会は、この「新算定表」を用いるべきとの提言をしており、今後は調停や審判においても、「新算定表」が用いられることになるかもしれません。新算定表は、日本弁護士連合会のホームページからご確認いただけます。

(3)婚姻費用を請求できる期間

　別居していても、婚姻関係が継続する以上は婚姻費用の請求が原則として可能です。

　つまり、婚姻費用の請求ができる終期は、離婚が成立するまでということになります。

　婚姻費用の請求ができる始期については、「別居開始時から」と

第5章 ◆ 離婚とお金について知っておくべきこと　105

思いがちですが、裁判所では、一般的には「調停で請求する場合には請求時（調停申立時）から」として運用されています。

したがって、別居後なるべく早いタイミングで婚姻費用の請求をすることが重要です。

コラム　未成年の子どもがいるときの婚姻費用

　婚姻費用の額は、いわゆる「算定表」（巻末資料を参照）からおおまかな目安を知ることができると説明しました。婚姻費用は、もともと夫婦それぞれの基礎収入と生活費指数（世帯の収入を、世帯を構成するメンバーにどのように割り振るべきかを示す指数）をもとにした計算を集積して作成されています。

　未成年の子どもがいる場合には、その子どもを監護している側の生活費指数が大きくなる分、婚姻費用の額は大きくなっていきます。

　そのため、「算定表」は、未成年の子どもの人数及び年齢（0歳から14歳か、15歳から19歳）に応じて複数の表を用意しています。

　たとえば、子どもが2人で、第1子が15歳、第2子が10歳の場合には、算定表の表14を用いることになり、この表にそれぞれの収入をあてはめて婚姻費用の目安を確認していきます。

　具体的には、夫が会社員で年収が600万円の場合、縦軸（義務者の年収の軸）の「給与」600万円の部分をみます。たとえば、あなたが専業主婦で収入がない場合には、横軸（権利者の年収の軸）の0の部分と交わる「12〜14万円」が婚姻費用の目安となります。また、あなたが年収300万円ある場合には、同様の考え方で「10〜12万円」が婚姻費用の目安となります。

106

◆**婚姻費用の算定例**◆(算定表「表14」。本書の168ページを参照)
(夫が会社員で年収600万円、妻は専業主婦で、15歳と10歳の子どもがいる場合)

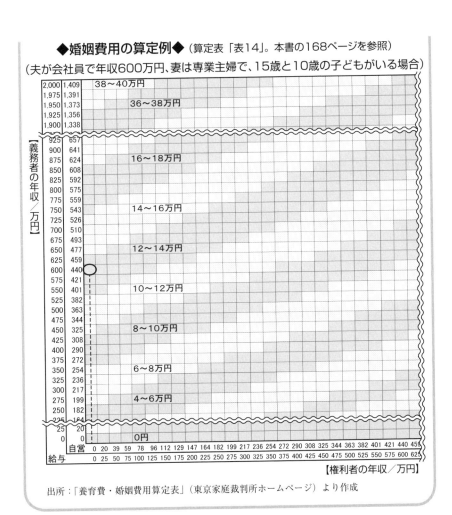

出所:「養育費・婚姻費用算定表」(東京家庭裁判所ホームページ) より作成

第5章 ◆ 離婚とお金について知っておくべきこと 107

⑷婚姻費用を請求する方法

　婚姻費用を決める方法については、①話し合いで決める方法、②調停・審判で決める方法があります。

①話し合いで決める方法

　婚姻費用の額について夫と合意ができる場合には、話し合いで決めていただいてかまいません。ただし、合意の内容を明確にしておくため書面（合意書）に記載しておくといいでしょう。また、可能であれば夫が婚姻費用を支払わなくなる場合に備えて公正証書（110ページを参照）にしておくことをお勧めします。本人同士での話し合いが難しい場合には、弁護士へ依頼するとよいでしょう。

②調停・審判で決める方法

　話し合いがまとまらない場合には、調停を起こしていくことになります。もちろん、話し合いを経ずに最初から調停を起こしてもかまいません。婚姻費用の支払いを求める調停（「婚姻費用分担請求調停」という）は、裁判所に申立書の雛型があるので、自分で申立てをする場合には管轄の家庭裁判所に聞いてみるとよいでしょう。自分で手続きをするのに不安がある場合には弁護士に依頼しましょう。

　調停では、調停委員を通じて夫と話し合いをしていくことになります。調停委員という第三者を介する分、当事者同士の話し合いよりも円滑に進めることが可能な場合が多いです。もし、調停での話し合いがまとまらなかった場合には、審判という手続きに進み、審判官（裁判官）の判断により婚姻費用の金額が決められることになります。

　一般に、調停は、民事調停、家事調停に区別されますが、離婚や財産分与、親権や養育費などの家庭の問題を扱うのは家事調停で、

◆婚姻費用についての合意書の例◆

合意書

　ベリーベスト花子（以下「甲」という。）とベリーベスト太郎（以下「乙」という。）は、本日、以下のとおり合意した。

1　甲と乙は、当分の間別居することに合意する。
2　乙は、甲に対し、令和○年○月○日から、将来同居又は離婚するに至るまでの婚姻費用として、月額10万円を、毎月末日限り、下記口座に振り込む方法により支払う。なお、振込手数料は乙の負担とする。

記

　　○○ 銀行　　○○ 支店
　　普通　○○○○○○○
　　口座名義　ベリーベスト花子（ベリーベストハナコ）

　以上のとおり合意したことを約するため、本合意書2通を作成し、甲乙が署名押印し、甲乙各自が1通ずつ保管する。

　令和○年○月○日
　　（甲）　住所　○○県○○市△△町○丁目△△番
　　　　　　氏名　ベリーベスト　花子　　㊞
　　（乙）　住所　○○県△△市○○町○丁目△△番
　　　　　　氏名　ベリーベスト　太郎　　㊞

コラム　離婚条件等を定めた書面は公正証書にすると良い

　公正証書とは、法務大臣が任命する公務員である公証人が作成する公文書です。公正証書は、公証役場で公証人に依頼して作成することができます。

　離婚の条件等の約束ができた場合、その約束は書面にしなくても法律的には有効です。しかし、後に約束した、約束していないという争いが生じないようにするため、さらに、約束の内容を明確にするために、一般的には約束の内容を書面にします。

　書面は、公正証書で作成しなければならないということはありません。しかし、公正証書を作成するメリットが特にあらわれるのは、約束を守ってくれないときです。

　公正証書で作成しなかった場合には、約束があったことを裁判で認めてもらったうえでなければ強制執行（給与の差し押さえなど）をすることができません。

　しかし、公正証書を作成して、約束を守らなかった場合には直ちに強制執行に服する旨の文言（執行受諾文言）を入れておけば、裁判を経なくても、直ちに強制執行をすることができます。

　特に、婚姻費用や養育費など、長年にわたって支払いを求めるもので、約束が守られなかったときに生活に大きく影響する事柄について取り決める場合には、公正証書にしておくメリットがあるといえるでしょう。

家庭裁判所で行われる手続きです。離婚を求める調停は、特に「夫婦関係調整調停」といいます。

　調停は、裁判所を利用する手続きですが、裁判所が裁判の判決のように、一定の判断を下すということはありません。調停は、あく

まで話し合いをする場です。裁判所がそれぞれの言い分を聞いて、合意ができる点がないか探っていく手続きであるといえます。

　具体的には、調停を申し立てると、期日が指定され、指定された日に家庭裁判所に出向きます。家庭裁判所に出向くと、まず、申し立てた人（申立人）が調停委員から呼び出され、調停委員から話を聞かれます。申立人からの話をひととおり聞き終ると、申立人は待合室に戻り、調停の相手（相手方）が調停委員から話を聞かれます。相手方が終わると申立人、申立人が終わると相手方……と調停委員が繰り返し話を聞いて、それぞれの要望を他方に伝えます。

　調停委員が間に入るなんて面倒じゃないかと思われるかもしれませんが、**調停の最大のメリットはこの当事者が顔を合わせずに話を進めるところにあります**。つまり、調停委員を介して話を進めるため、お互いが感情的にならず話し合いがスムーズに進む可能性が高まるのです。また、家事調停に関していえば、調停委員も離婚に関係する問題に見識のある方ですので、どのような解決をするのがいいか、一定の助言を与えてくれることもあるでしょう。

　他方で、調停の期日は、約1か月おきに開かれるため、長ければ半年から1年以上かかることもあり、どうしても話し合いに時間を要します。

　調停を利用するかどうかは、この点も考慮して決定する必要があります。

第5章 ◆ 離婚とお金について知っておくべきこと　111

5-2

財産分与の方法と
対象の資産

▶婚姻期間中に形成した財産を清算するのが目的だが…

⑴財産分与とは

　離婚するときに、夫婦で築いてきた財産をどう配分するか、これが財産分与の問題です。たとえば、夫の名義の口座に夫婦の貯金をまとめていた場合に、それを全部夫に持って行かれてしまうということになれば不公平ですし、妻は離婚後の生活が立ち行かなくなってしまいます。ですから、これを公平に分けるために行うのが財産分与です。

　財産分与とは、夫婦間の経済的な格差を調整するために、夫婦が婚姻中に協力して取得した財産を、離婚する際に又は離婚後に分けることをいいます。

　財産分与とひとくちにいっても、法律の世界では、以下の３つの異なる要素が含まれるといわれています。

◆財産分与の要素◆

「清算的財産分与」（清算的要素）
　預貯金、不動産などの夫婦が婚姻中に築いた財産を清算・分配するもの

「扶養的財産分与」（扶養的要素）
　長年、専業主婦をしていた高齢女性など、離婚後に経済的にひっ迫し、生活に困窮する可能性が高い場合に扶養のために補充的に認められるもの

「慰謝料的財産分与」（慰謝料的要素）
　一方当事者の有責な行為により離婚を余儀なくされたことによる精神的苦痛について慰謝するためのもの

112

一般的によくいわれる「財産分与」とは、清算的財産分与を指します。実務上も専ら清算的財産分与が問題になるケースが圧倒的多数ですが、夫婦の状況によっては、他の要素を考慮して、共有財産を単純に清算・分配するにとどまらない形での財産分与を行うこともあります。

　以下では、清算的財産分与を中心に財産分与の諸問題について説明していきます。

(2)財産分与の対象となる財産

　財産分与の対象になる財産は、原則として、夫婦の共有名義の財産（「**共有財産**」という）と、名義は夫婦の一方だけれども実質的には夫婦が協力して得た財産（「**実質的共有財産**」という）です。

　夫婦が婚姻中に蓄えた貯金や、また、その貯金を元手に婚姻期間中に購入した自宅不動産なども、名義がどうであれ、夫婦の共有財産となります。

　他方で、婚姻前に取得していた財産（婚姻前に蓄えた貯金など）であるとか、婚姻期間中に取得した財産であっても、両親からもらった財産、両親からの相続などで取得した財産は、共有財産にはあたりません。これを「**特有財産**」といいます。このような財産は、夫婦が協力して得た財産とはいえないため財産分与の対象とはならないのです。

(3)どの時点の財産が対象で、どの時点での価値で考えるか

①どの時点の財産が対象になるか

　財産分与の対象となる財産は、夫婦が婚姻期間中に夫婦の協力で築いた財産です。したがって、婚姻してから、離婚するまでに築いた財産が財産分与の対象となるというのが基本です。

　しかし、離婚前に別居していた場合については、別居後に築かれ

第5章 ◆ 離婚とお金について知っておくべきこと　113

た財産は、特段の事情がない限り「夫婦の協力で築いた」とはいえません。

　そこで、財産分与の対象は、離婚時または別居時のどちらか早い時期に残っているものと考えるのが実務上の取扱いです。

②どの時点での価値で考えるか

　現金や預貯金であれば財産の評価が変動するということはありませんが、たとえば、株式や不動産など、価値が変動していく財産もあります。このような財産については、いつの時点での価値を基準とするのでしょうか。

　財産の価値については、対象財産の問題とは異なる考え方をとります。

　すなわち、審判や裁判になったときには、裁判時（口頭弁論終結時又は審判終結時）を基準に行うのが通常です。

　これは、実際に財産分与が行われ、財産が移転するのが裁判時ですから、財産の評価については、裁判時の価値を基準に行うのが妥当だろうという考え方に基づくものです。

　協議離婚や調停離婚では、双方が合意すればどのように評価してもよいというのが前提ですが、評価に争いが生じた場合には、裁判や審判にならって直近の価値を基準に評価することが多いといえます。

⑷どんな割合で分与する？

　財産分与の割合は、財産を築いたことにどれだけ寄与したか（寄与度）を基準に考えますが、現在の実務上は特段の事情がない限り分与の割合を2分の1とするのが原則（「**2分の1ルール**」という）であるといってもよいでしょう。

　これは、夫のみが働いて稼ぎがあり、妻が専業主婦である場合も

同様です。現在では、家事労働を高く評価するようになったこと、夫が働いて収入を得ることができるのも専業主婦の貢献のおかげだと考えられているからです。

　他方で、2分の1ルールが変更される場合とは、たとえば、夫婦の一方の特別の努力や能力によって高額の資産が形成された場合や、不動産等の高額な財産を取得するときに夫婦の一方が原資の一部として多額の特有財産を支出した場合など、共有財産を築くことに対する寄与度に大きな差があるような場合に限られます。

⑸財産分与の具体例

　財産分与は、以上のような考え方に沿って行っていきますが、財産の種類によって特別な考え方を取ることもありますので、以下、いくつかの具体例を挙げて説明します。

①預貯金の取扱いでの注意点

　夫婦いずれかの名義の預貯金で、実質的共有財産といえるもの（夫婦で一緒にためた預貯金など）は、財産分与の対象となります。他方で、夫婦いずれかの名義であっても、特有財産にあたるもの（結婚前からある預貯金など）は、分与の対象には含まれません。

　預貯金については、原則として別居時、または、別居が先行していない場合には、裁判時または直近の残高を基準として評価を行います。

　預貯金について問題となるのが、夫婦以外の第三者の名義となっている場合で、特に、子ども名義の預貯金がどのように取り扱われるかです。

　子ども名義の財産であっても、実質的に夫婦の財産であると認められる財産は、分与の対象に含まれます。たとえば、子ども自身が小遣いやアルバイト代等を貯金したような場合には、当然子ども自

第5章 ◆ 離婚とお金について知っておくべきこと　115

身の固有財産となり、財産分与の対象とはなりません。他方で、子どもの将来の学費などに備えて、夫婦で行っていた預貯金などは、実質的な夫婦の共有財産であるといえますので、財産分与の対象となる可能性があります。

②不動産で厄介なのは住宅ローンが残っているとき

　婚姻期間中に夫婦が取得した自宅などの財産は、特有財産にあたらない限り、夫または妻のいずれの名義であっても、実質的共有財産にあたり、財産分与の対象となります。

　住宅ローンについては、売却する場合、片方が取得する場合、アンダーローンかオーバーローンかでその取扱いが異なることは、42〜45ページ（住宅についての疑問点）で説明したとおりです。

　不動産については、その評価をどのように行うべきか、残債務をどのように取り扱うかなど、複雑な問題が絡んできます。また、不動産も住宅ローンも夫名義だけれども、不動産を分与してほしいし、住宅ローンも自分で支払いたいという場合には、金融機関との交渉も必要になってきます。

　不動産をどのように取り扱うか迷った場合には、弁護士に相談したほうがよいでしょう。

③株式・有価証券で問題になるのは「評価」

　婚姻期間中に夫婦のいずれかが購入した株式や有価証券は、婚姻前の貯金などの特有財産を元手として購入したことが明らかな場合を除き、財産分与の対象となります。

　株式・有価証券については、その評価が問題となることがよくあります。

　上場企業の株式のように、市場価格がある場合には、財産分与時の市場価格を基準にその価値を評価する場合が多いといえます。

他方で、非上場株式などについては、市場価格が存在しないため、その価値の評価方法が問題になります。非上場株式の評価方法は、配当還元方式、収益方式、類似業種比準方式、純資産方式など様々な方式があり、それぞれの方法に利点、欠点がありますので、どの評価方法を使うべきかが決まっているわけではありません。

　裁判例では、複数の評価方法を用いて、非上場株式の株価を算定するものもありますが、非上場株式の評価は非常に難しく、専門的な知識が求められるため、評価に争いがある場合には、専門家に依頼する必要があるでしょう。

④退職金も対象になるが…

　退職金は、一般的に賃金の後払いとしての性格を有するというのが有力な見解ですので、月々の給料やそれを元手に築いた貯金と同様、夫婦の共有財産となり得るといわれています。

　退職金については、まず、既に支給されたものや、近々退職が予定されていて具体的な支給額などが決定しているものは、財産分与の基準時に存在する限り、分与の対象となることに争いはありません。

　しかし、支給が確実とはいえない将来の退職金はどうなるのでしょうか。すなわち、社会経済情勢や企業の状態によっては、勤務先が倒産するとか、給与が減額されることもあり得ますし、退職金規定が変更されたり、転職や解雇によって退職金が支給されないことも考えられるため、受け取ることができないかもしれない退職金を財産分与の対象に含めていいのか問題が生じるのです。

　この点については、実務的には、将来支給される蓋然性が高いことを条件に財産分与の対象となるとしています。

　たとえば、支給時期が遠い将来であっても、公務員である場合や大企業に勤務している場合、退職を数年先に控えている場合などは、

第5章 ◆ 離婚とお金について知っておくべきこと　117

受け取ることができる蓋然性が高いとして財産分与の対象に含める可能性が高いでしょう。反対に、勤務開始数年しか経過していないために退職金を受け取ることできるかどうかわからない場合や、退職金を受け取ることができるとしても退職の予定が10年以上先で会社が存続しているかどうかわからないという場合には、財産分与の対象とはならないでしょう。

　また、退職金をもらえることが確定していても、**分与の対象となるのは婚姻期間中のものだけ**になります。

　たとえば、20年勤務した末、退職金を受け取ったケースで考えてみましょう。独身時代が10年あり、結婚してともに過ごした時間が10年あった場合は、財産分与の対象となるのは、受け取った退職金の10年分となります。さらにそこに分与割合を反映していくことになります。単純に「退職金全額の半分を財産分与としてもらえる」というわけではないことに注意が必要です。

　なお、退職金は、勤務先で制度化されている場合にのみ受け取ることができるもので、長年勤務していればどのような企業でも受け取ることができる、というわけではないことにも注意しましょう。

⑤借金は対象になるものとならないものがある

　財産分与は、夫婦が婚姻期間中に築いた共有財産を離婚に際して清算・分配する制度ですので、婚姻前に夫婦の一方が作っていた借金は財産分与による清算の対象となりません。

　それでは、婚姻期間中に夫婦の一方ないし双方が負った借金の負担はどうなるのでしょうか。

　借金については、分与の対象となり得ます。しかし、ひとくちに借金といっても借入の理由は様々ですから、借金については、その理由によって財産分与とすべきかどうかが判断されます。

◆財産分与の対象となる借金、ならない借金◆

借金の種類	対象となるか	理　　　　由
個人的な借金	対象とならない	たとえば、夫婦の共同生活とは関係ない個人的な遊興費やギャンブル、個人の趣味のための借金などは、たとえ婚姻期間中に発生したものでも、清算の対象とはならない。財産分与という制度が、夫婦が協力して築いた財産を清算するものであることからして当然。
日常家事債務	対象となる	生活必需品の購入、水道光熱費の契約、賃貸物件の契約などの日常家事は、一般にいう「借金」とは異なるが、たとえば、水道光熱費に未払いがある場合などにどうやって支払っていくのか、清算するのかは、考えなければならない。 民法は、日常家事債務については、夫婦の一方が負担したものであっても、他方も連帯して責任を負うとして、夫婦の連帯責任を定めている。たとえば、水道光熱費の契約名義が夫であって、妻に請求されたら妻もこれを支払わなければならないということである。仮に、夫婦の一方が支払った場合には、これを考慮に入れて夫婦の財産を清算していくこととなる。
夫婦共同生活のために生じた債務	対象となる	日常家事債務であるとまではいえないものの、婚姻期間中に夫婦の共同生活で生じた医療費や、生活費の不足を補うための借入、夫婦間の子の教育ローンなどについては、婚姻生活を維持するために発生したものとして清算時に精算すべきものとされている。
婚姻後の資産形成に関連して生じた借金	対象となる	自宅不動産を購入するときに住宅ローンを利用した場合や、夫婦の資産を増やすことを目的として夫婦でともに行った株式購入資金のための借金などは、財産分与での清算の対象となる。 もっとも、夫婦の一方のみの資産形成のために負った借金は清算の対象とはならない。たとえば、同じ株式購入資金といっても、夫が妻に隠れて投資を行ったが、投資に失敗して借金ができたという場合には、財産分与において清算の対象とはならない。

第5章 ◆ 離婚とお金について知っておくべきこと　119

5-3

慰謝料を請求できる条件がある

▶精神的な苦痛と一定の有責な行為（不法行為）

(1)慰謝料とは

　慰謝料とは、一般に、ある行為によって受けた精神的苦痛をお金に換算して賠償するものです。

　離婚にともなって夫に慰謝料を請求するケースは多くあります。しかし、離婚することになればどのようなケースでも夫に慰謝料を請求できる、というわけではありません。慰謝料は、**精神的な苦痛が生じるとともに、夫に一定の有責な行為（不法行為）があることが請求の条件**となっています。

(2)慰謝料を請求できる場合とできない場合

　慰謝料を請求するには、一定の有責な行為（不法行為）があることが必要であると説明しましたが、具体的には、どのような場合に夫に請求できるのでしょうか。

　慰謝料を請求することができる典型例は、夫が不倫（不貞行為）をした場合や、家庭内暴力（ＤＶ）、モラハラがあった場合、悪意の遺棄があった場合などです。

　他方で、離婚する理由で最も多い、価値観の不一致や性格の不一致の場合には慰謝料の請求は認められない場合が多いといえます。

(3)慰謝料の額はいくらぐらい?

　慰謝料は、精神的苦痛に対してお金で補填するものですから、その額は、具体的な行為により生じた精神的苦痛を金銭に換算した額

ということになります。ある行為に対する感じ方は、行為を受けた人によって様々ですが、法律の世界では、同じような境遇に立たされた人との公平性も重要になります。そこで、慰謝料の額は、以下の要素を総合して算定されることとなっています。

◆慰謝料の算定の基準となるもの◆

- 有責行為の程度、割合、態様（不貞行為の回数、期間、暴力の頻度、態様など）
- 精神的苦痛の程度（精神疾患にかかった、自殺未遂を起こしたなど）
- 婚姻又は婚姻破綻に至る経緯（婚姻期間、同居期間、年齢など）
- 婚姻生活の実情（当事者の生活の状況、子どもの有無など）
- 当事者の年齢、社会的地位
- 有責な行為が婚姻生活に与えた影響（有責な行為が生じる前から婚姻関係が悪化していたか、有責な行為により離婚するに至ったかなど）

事案として特に多い不倫（不貞行為）を原因とする慰謝料についても、これらの事情を総合的に評価して金額が決められますが、統計的にみると、50万円から300万円程度となることが多いといえます。

(4)慰謝料の時効

①慰謝料請求権の時効の基礎知識

離婚の際の慰謝料請求権は、法律的には「不法行為に基づく損害賠償請求権」という権利であると考えるのが通説的な見解です。

そして、不法行為に基づく損害賠償請求権には、時効があり、その期間は**「不法行為と加害者を知ってから３年間」**です。

これを離婚の慰謝料のケースにあてはめると、請求者（一定の有責な行為の被害を受けた人）が、損害と加害者を知ったときから３

第5章 ◆ 離婚とお金について知っておくべきこと　121

年間が経過すると、慰謝料請求権の時効が完成することになります。

　もっとも、夫婦間の債務については、離婚成立から6か月間は消滅時効にかかることはなく、夫に対して請求する場合には、離婚時にあるいは離婚後6か月以内に請求していくことができます。

　他方で、時効が成立したとして慰謝料請求を拒む場合には、「援用」することが必要です。援用とは、「時効の利益を受けます」という意思表示です。時効期間が経過しても、慰謝料を請求される側が「援用」しなければ請求権は消滅しないので注意が必要です。

　時効と似た制度として、「除斥期間」というものがあります。除斥期間とは、時効と同じように、期間を経過した後には権利の行使ができなくなる期間です。慰謝料請求権についても除斥期間が定められており、除斥期間は、「**不法行為時から20年**」となっています。除斥期間は、後に説明する中断がないので、除斥期間を経過したら当然に権利が消滅してしまいます。

②時効の中断について

　時効には「中断」という制度があります。時効の中断とは、時効期間の進行中に一定の事情が生じると、時効の進行が止まって進行してきた期間が無になることです。

　夫が不倫したとして慰謝料を請求するケースを前提に説明しますと、夫が妻に対して「慰謝料を支払います。」という発言をした場合やその趣旨の書面を書いた場合（承認）、妻が夫に対して慰謝料を請求する裁判を起こした場合（請求）などがこれにあたります。

　また、夫に対して慰謝料を請求する旨の書面を送付した場合には、6か月間時効の完成が猶予されます（催告）。その猶予期間中に裁判を起こせば慰謝料請求権の時効が中断します。

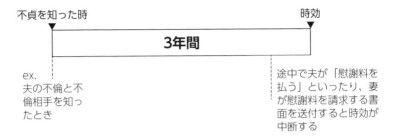

(5) 第三者に対する慰謝料請求もできる

　有責な行為を共同して行った第三者に対しても慰謝料を請求することができます。

　典型例は、夫に不倫された場合に、妻が夫の不倫相手に対して慰謝料を請求する場面ですので、この場面を例に説明します。

　不倫（不貞行為）は、夫と不倫相手が共同して行った不法行為であると考えられており、それによって生じた慰謝料は、夫と不倫相手が連帯して支払義務を負うものです。したがって、あなたは、夫及び不倫相手の双方に慰謝料を請求することもできますし、どちらか一方のみに慰謝料を請求することもできます。たとえば、慰謝料の総額が200万円だったとすれば、夫と不倫相手の一方のみに対して200万円を請求できるのはもちろんのこと、双方に対して200万円を請求することも可能です。

　もっとも、双方に対して全額の支払いを求めることができるとはいえ、夫と不倫相手が支払わなければならないのは、1つの「慰謝料」ですので、双方に請求したからといって2倍の金額を求めることができるわけではないことには注意しましょう。たとえば、慰謝料の総額が200万円で夫と不倫相手の双方に200万円を請求したとしても、400万円を得られるわけではなく、得られるのは200万円にとどまるということです。

5-4

「年金分割」が
認められている

▶夫の年金を婚姻期間に応じて受け取ることができる

　近年、「熟年離婚」が増えています。熟年離婚をしようと考えているときには、老後の生活の糧となる年金についてどのように扱われるのか、気になるところでしょう。

⑴年金制度の基礎知識

　国民皆年金制度のもとすべての国民と関係がある年金。しかし、「年金」という言葉は知っているし、毎月、年金保険料は支払っているけれども、その詳細についてはよくわからないという人は少なくありません。

　そこで、離婚に伴う年金分割に関係する部分をピックアップして、年金制度の基礎知識を解説していきます。

①年金の構造

　まずは、年金はどのような構造になっていて、いままであなたや夫が支払ってきた年金はどれにあたるのかを知っておきましょう。

　日本の年金制度は、簡単に説明すると３つの層があります。

　第１の層が、年金制度の土台となる「国民年金」部分です。これは、日本国内に住んでいる20歳以上60歳未満の人に加入義務があり、「基礎年金」部分とも呼ばれています。

　第２の層は、民間企業や公務員、教職員として働いている人が加入している「厚生年金」です（従来の「共済年金」は平成27年10月１日から「厚生年金」に一元化された）。これには基礎年金分が含

まれており、さらに企業や個人が収入に応じた「報酬比例部分」を上乗せして支払う制度で、より手厚い保障を将来受けられるようになっています。

第3の層は、さらに手厚い保障を受けるために任意に加入することができる年金です。企業型、個人型などがあり、「厚生年金基金」「国民年金基金」「確定給付企業年金」「確定拠出年金」などがこれにあたります。なお、保険会社が運用する年金保険はここには含まれません。

また、専業主婦で、自分自身は年金保険料を支払っていないけれども、夫の扶養に入っている人は「第3号被保険者」にあたります。具体的には厚生年金保険に加入している夫に扶養されている年収130万円未満の人が「第3号被保険者」です。

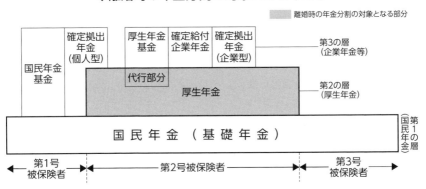

◆離婚時の年金分割の対象となる年金◆

まずは基礎知識として、年金にはベースとなる「国民年金（基礎年金）」と2つの層があり、「層を厚くすればするほど、受け取ることができる年金の金額が上がる」こと、夫の扶養に入っている人は第3号被保険者となっていることを、基礎知識として覚えておいてください。

②年金だけで生活できるか

　日本年金機構のホームページには、現時点の受給年金予定額が記載されています。たとえば平成31年4月から受け取ることができる老齢基礎年金の受給年金額の満額は、年間78万0100円となります。20歳から60歳までの40年間ひとときも欠かさず全期間年金保険料を納め、据え置き期間を経て65歳から受け取りを始めた人でもこの額になります。

　年収78万円といえば、単純計算しても月額6万5000円程度です。これだけ生活できるかといえば、現在の日々の生活費から考えても「難しい」と言わざるを得ないでしょう。

　ただし、これはあくまで第1の層である基礎年金だけ受給する場合です。これにとどまらず、第2の層となる「厚生年金」や、第3層にあたる「年金基金」などへ加入していた場合は、受け取ることができる金額が増えることになります。

③専業主婦の年金はいくら？

　基礎年金は原則、日本国内に住んでいる20歳以上60歳未満の人に加入義務があるものです。自営業の場合は2人分の年金保険料の請求がありますし、厚生年金の場合も2人分天引きで支払われるという制度になっています。

　夫の扶養に入り、長らく専業主婦だった人も、原則、第3号被保険者として年金に加入しているはずです（例外としては、夫が自営業などで支払ってこなかったというケースもあるので、注意が必要）。

　もっとも、この場合に受け取ることができるのは老齢基礎年金のみです。

⑵離婚するときの「年金分割制度」とは

　離婚するときには、年金についても調整しておかなければ、老後に受け取ることができる「老齢年金」に大きな差が生じてしまいます。老齢基礎年金だけでは到底生活できないことは既に説明したとおりです。そこで、離婚するときには「**年金分割**」という制度を使って、将来受け取ることができる年金を調整します。

①年金分割とはどんな制度か

　年金分割制度ができる前は厚生年金の上乗せ分（第2の層）となる部分はすべて夫のものとなってしまい、専業主婦で会社勤めなどしなかった妻は老後も老齢基礎年金に相当する部分しか受け取ることができず、離婚したことによって困窮してしまうケースが多くありました。

　そのような状況の中、平成19年に施行されたのが、現在の年金分割制度です。

　年金分割制度とは、夫婦が婚姻中に支払ってきた年金保険料の金額に応じて、離婚後、各々が受け取ることとなる年金受給額を調整する制度です。調整の対象となるのは、第2の層となる部分、つまり「厚生年金」のうち、基礎年金分を除いた「報酬比例部分」です。年金分割とは、婚姻期間中に夫が厚生年金に加入していた場合に、婚姻期間中に相当する「報酬比例部分」を分け合う制度ということになります。

　年金分割は、分割の割合を決めて「報酬比例部分」を分け合います。分割の割合は、上限を50％、下限は分割を受ける側の分割前の持分相当割合となります。あなたが専業主婦の場合、分割できる割合は50％となることが多く、あなたがパートなどで働いていた場合は、その収入を考慮して、分割割合が決められてゆきます。年金分割は「合意分割」と「3号分割」の2種類あるのですが、以下で説

第5章 ◆ 離婚とお金について知っておくべきこと　127

明する「3号分割」による場合には、自動的に2分の1に分割されますし、実務上は50%とするケースが圧倒的に多いといえます。

②年金分割を利用できないケース

　年金分割を利用できるのは、第2の層の部分に限られますので、以下のケースに関しては、年金分割制度の利用ができません。

◆年金分割を利用できないとき◆

●**加入していたのが、夫婦ともに第1の層「基礎年金」のみだった場合**
　基礎年金部分は、年金分割の対象ではない。夫が自営業者や非正規雇用者である場合には、厚生年金に加入できないためこのケースに該当して年金分割を利用できない。

●**第3の層となる各種「年金基金」や「確定拠出年金」を分割の対象としたい場合**
　任意で加入を選択する「年金基金」や「確定拠出年金」などの第3の層にあたる部分は、貯蓄的要素が強いため、年金分割制度の対象にはならない。ただし、「財産分与」の対象になる可能性があるので、年金分割ではなく、財産分与として求めていくことが考えられる。

●**その他**
　その他、離婚するとき、「年金分割はしない」という条項がある離婚合意書にサインしてしまった場合には、分割の請求はできなくなる。

　また、年金分割は、請求の期限が定められています。原則は、**離婚した日の翌日から起算して2年以内に請求しなければなりません。**そのため、離婚するときには、年金分割も忘れないようにしなければなりません。

⑶年金分割の請求方法

　年金分割の請求方法は、結婚した年によって以下のように異なります。

①平成20年3月以前に結婚していた場合

　平成20年3月までの年金について分割請求する場合は、「合意分割」をする必要があります。「**合意分割**」とは、夫との話し合いによって分割の割合を決めて、その合意に従って分割するものです。

　具体的には、まず、年金事務所に問い合わせをして「年金分割のための情報通知書」をもらいます。夫と話し合い、合意を得たら、「年金分割に関する合意書」を作成して年金事務所で手続きをとります。

　合意を得られないときは家庭裁判所における調停や審判、裁判などで年金分割の割合を決めます。審判や裁判は必ずしも「合意」があるわけではありませんが、そこで年金分割の割合が決められれば、「合意分割」の手続きをとることができます。

　なお、合意分割の対象となる部分と、以下で説明する「3号分割」の対象となる部分の双方がある場合に、合意分割部分の分割が済んで手続きを済ませれば、自動的に3号分割の請求が行われたとみなされます。

②平成20年4月以降に結婚した場合

　平成20年4月以降分の年金については、相手の合意がなくとも分割ができるようになっています。これを「**3号分割**」といいます。請求の手順はごく簡単で、離婚が成立したら、年金事務所に行き、事務手続きを行うだけで完了します。

第5章 ◆ 離婚とお金について知っておくべきこと　129

⑷ 年金分割に必要な「年金分割のための情報通知書」

　年金分割を行うためには「年金分割のための情報通知書」が必要になります。「年金分割のための情報通知書」とは、年金分割の割合を決めるために必要な情報（分割できる範囲や対象となる期間に関する情報）が書かれた書類です（次ページを参照）。

　「年金分割のための情報通知書」は、離婚時の年金分割のうち、話し合いで夫婦の分割の割合を決める場合（合意分割）に必要となります。

　合意分割とはいっても、調停や審判、裁判で分割割合を決める場合もこれに含まれますので、離婚する場合には、必要となると考えていいでしょう。

　この情報通知書を入手するためには、「年金分割のための情報提供請求書」（132～135ページを参照）を作成し、年金手帳または基礎年金番号通知書及び夫婦の戸籍謄本を持参して、年金事務所に情報通知書の発行を求めます。

　「年金分割のための情報提供請求書」を提出してからおおよそ3～4週間で情報通知書が郵送されてきます。年金事務所での窓口受取りや送付先の住所を指定することも可能ですので、もし、配偶者と同居していて手続きをとったことを知られたくない場合にはこれを活用しましょう。

　年金分割は、老後の生活のために、必ず行っておくべき手続きですし、そのためには、「年金分割のための情報通知書」は必要になりますので、取得の方法などをしっかり理解しておくといいでしょう。

◆「年金分割のための情報通知書」の例◆

年金分割のための情報通知書
（厚生年金保険制度）

令和○年 ○月 ○日

〒○○○-○○○○
○○県○○市△△町○丁目△△番

ベリーベスト 花子 様

日本年金機構理事長 印

第1号改定者は対象期間
標準報酬総額の多いほう

氏　　　名	（第1号改定者）ベリーベスト太郎	
	（第2号改定者）ベリーベスト花子	

生 年 月 日	（第1号改定者）昭和○年 1月 1日	（第2号改定者）昭和○年 11月 11日
基礎年金番号	（第1号改定者）987654321098	（第2号改定者）123456789012
情報提供請求日	令和○年 ○月 ○日	
婚姻期間等	平成 20年 1月 1日　　　　令和元年 10月 10日*（*①情報提供請求日　2.離婚が成立した日　3.婚姻が解消された日　4.事実婚関係が解消したと認められる日）	
対 象 期 間標準報酬総額	（第1号改定者）○○○,○○○円	（第2号改定者）○○○,○○○円
按分割合の範囲	○○%を超え、50%以下	

対 象 期 間	昭和平成 20年 1月 1日 ～ 昭和平成令和 元年 10月 10日		昭和平成 年 月 日 ～ 昭和平成 年 月 日		
	昭和平成 年 月 日 ～ 昭和平成 年 月 日		昭和平成 年 月 日 ～ 昭和平成 年 月 日		
	昭和平成 年 月 日 ～ 昭和平成 年 月 日		昭和平成 年 月 日 ～ 昭和平成 年 月 日		
	昭和平成 年 月 日 ～ 昭和平成 年 月 日		昭和平成 年 月 日 ～ 昭和平成 年 月 日		

対象期間の末日以後に提供を受けた情報について補正に要した期間	平成 年 月 日 ～ 平成 年 月 日	平成 年 月 日 ～ 平成 年 月 日
厚生年金保険法施行規則第78条の3第3項第2号に規定する期間	平成 年 月 日 ～ 平成 年 月 日	厚生年金保険法施行規則第78条の3第3項に定める請求期間

第5章 ◆ 離婚とお金について知っておくべきこと　131

◆「年金分割のための情報提供請求書」の記入例◆ （別居の場合。その１）

年金分割のための情報提供請求書

様式第６５０号

届書コード 7 8 1 1　処理区分 届書

○ 太枠□の中に必要事項を記入してください。ただし、◆印がついている欄は、記入不要です。
○ 記入にあたっては、「年金分割のための情報提供請求書の記入方法等について」を参照してください。

基礎年金番号（１０桁）で届出する場合は左詰めでご記入ください。

⑤ 実施機関等 受付年月日

①請求者（甲）

① 個人番号（または基礎年金番号）	1 2 3 4 5 6 7 8 9 0 1 2
② 生 年 月 日	明治・大正・昭和・平成・令和 ○○年 11月 11日
⑦ 氏 名	（フリガナ） ベリーベスト （氏）ベリーベスト （旧姓） （ハナコ）（名）花子
④ 住所の郵便番号 ○○○－○○○○	（フリガナ）○○シ △△チョウ○チョウメ△△バン ⑦住所 ○○ 市区町村 △△町○丁目△△番

過去に加入していた年金制度の年金手帳の記号番号で基礎年金番号と異なる記号番号があるときは、その番号をご記入ください。

厚生年金保険		国民年金	
船員保険			

②請求者（乙）または配偶者

③ 個人番号（または基礎年金番号）	9 8 7 6 5 4 3 2 1 0 9 8
④ 生 年 月 日	明治・大正・昭和・平成・令和 ○○年 1月 1日
④ 氏 名	（フリガナ） ベリーベスト （氏）ベリーベスト （旧姓） （タロウ）（名）太郎
④ 住所の郵便番号 ○○○－○○○○	（フリガナ）△△シ ○○チョウ○チョウメ△△バン ⑦住所 △△ 市区町村 ○○町○丁目△△番

過去に加入していた年金制度の年金手帳の記号番号で基礎年金番号と異なる記号番号があるときは、その番号をご記入ください。

厚生年金保険		国民年金	
船員保険			

③婚姻期間等

1. 情報の提供を受けようとする婚姻期間等について、該当する項目を○で囲み、それぞれの項目に応じて定められた欄をご記入ください。
   ⑦ 婚姻の届出をした期間（法律婚期間）のみを有する。⇒「２」欄
   イ．婚姻の届出をしていないが事実上婚姻関係と同様の事情にあった期間（事実婚期間）のみを有する。⇒「３・５」欄
   ウ．事実婚期間から引き続く法律婚期間を有する。⇒「４・５」欄

2. 現在、引き続き法律婚関係にありますか。　（ ある ・ ない ）
   「ある」に○をつけた方は⑥欄を、「ない」に○をつけた方は⑥欄と⑦欄をご記入ください。

⑥ 婚姻した日	大・昭・平・令 20 11	⑦ 離婚した日、または婚姻が取り消された日	平・令 年 月 日

3. 現在、引き続き事実婚関係にありますか。　（ ある ・ ない ）
   「ある」に○をつけた方は⑥欄を、「ない」に○をつけた方は⑥欄と⑦欄をご記入ください。

⑥ 事実婚第３号被保険者期間の初日	昭・平・令 年 月 日	⑦ 事実婚関係が解消したと認められる日	平・令 年 月 日

4. 現在、引き続き法律婚関係にありますか。　（ ある ・ ない ）
   「ある」に○をつけた方は⑥欄を、「ない」に○をつけた方は⑥欄と⑦欄をご記入ください。

⑥ 事実婚第３号被保険者期間の初日	昭・平・令 年 月 日		
婚姻した日	昭・平・令 年 月 日	⑦ 離婚した日、または婚姻が取り消された日	平・令 年 月 日

5. 事実婚期間にある間に、当事者二人のうち、その一方が他方の被扶養配偶者として第３号被保険者であった期間を全てご記入ください。

④ 事実婚第３号被保険者期間	昭和平成令和 年 月 日	から	昭和平成令和 年 月 日	まで	昭和平成令和 年 月 日	から	昭和平成令和 年 月 日	まで
	昭和平成令和 年 月 日	から	昭和平成令和 年 月 日	まで	昭和平成令和 年 月 日	から	昭和平成令和 年 月 日	まで

◆「年金分割のための情報提供請求書」の記入例◆（別居の場合。その2）

<table>
<tr><td rowspan="2">4</td><td>1.情報提供を受けようとする婚姻期間において、
ア.①欄に記入した方が、「②欄に記入した方以外の方」の被扶養配偶者としての第3号被保険者であった期間がありますか。
（ はい ・ (いいえ) ）
イ.①欄に記入した方が「②欄に記入した方以外の方」を被扶養配偶者とし、その方が第3号被保険者であった期間がありますか。
（ はい ・ (いいえ) ）
ウ.「ア」または「イ」について、「はい」を○で囲んだ場合は、その「②欄に記入した以外の方」の氏名、生年月日および基礎年金番号をご記入ください。</td></tr>
</table>

氏名	(フリガナ)　　　　　(名)	生年月日	明大昭平令 治正和成和	年	月	日	基礎年金番号	－

対象期間に含めない期間

2.情報提供を受けようとする婚姻期間において、
ア.②欄に記入した方が、「①欄に記入した方以外の方」の被扶養配偶者としての第3号被保険者であった期間がありますか。
（ はい ・ (いいえ) ）
イ.②欄に記入した方が「①欄に記入した方以外の方」を被扶養配偶者とし、その方が第3号被保険者であった期間がありますか。
（ はい ・ (いいえ) ）
ウ.「ア」または「イ」について、「はい」を○で囲んだ場合は、その「①欄に記入した以外の方」の氏名、生年月日および基礎年金番号をご記入ください。

氏名	(フリガナ)　　　　　(名)	生年月日	明大昭平令 治正和成和	年	月	日	基礎年金番号	－

---

5 再請求理由

※情報の提供を受けようとする婚姻期間等について、過去に、情報提供を受けたことがある方のみご記入ください。

1.前回の請求から3か月を経過していますか。（ (はい) ・ いいえ ）
2.「いいえ」を○で囲んだ場合は、再請求の理由について次のいずれか該当する項目に○をつけてください。
ア.請求者（甲）または（乙）の被保険者の種別の変更があったため。
イ.請求者（甲）または（乙）が養育期間に係る申出を行ったため。
ウ.請求者（甲）または（乙）が第3号被保険者に係る届出を行ったため。
エ.按分割合を定めるための裁判手続に必要なため。
オ.その他（　　　　　　　　　　　　　　　　　　　　　　　　　　　　　　　）

---

6 請求者（甲）の署名等

厚生年金保険法第78条の4の規定に基づき、標準報酬改定請求を行うために必要な情報の提供を請求します。なお、年金分割のための情報通知書等については、（ア.年金事務所窓口での交付・(イ).郵送による交付）を希望します。

令和 ○ 年 ○ 月 ○ 日

⑩氏名　ベリーベスト 花子　㊞（※請求者（甲）が自ら署名する場合は、押印は不要です。）
電話番号　○○○（ ○○○ ）○○○○
送付先住所

⑧郵便番号	⑨住所	(フリガナ) ○○シ　　△△チョウ○チョウメ△△バン
○○○ － ○○○○		○○ (市区)町村 △△町○丁目△△番

---

7 請求者（乙）の署名等

厚生年金保険法第78条の4の規定に基づき、標準報酬改定請求を行うために必要な情報の提供を請求します。なお、年金分割のための情報通知書等については、（ア.年金事務所窓口での交付・イ.郵送による交付）を希望します。

令和 年 月 日

⑩氏名　　　　㊞（※請求者（乙）が自ら署名する場合は、押印は不要です。）
電話番号　（ ）
送付先住所

⑧郵便番号	⑨住所	(フリガナ)
－		市区町村

職員が記入するため、請求者は記入不要です。

	⑪共済組合 コード1	⑫共済組合 コード2	⑬共済組合 コード3

8 対象期間	⑭ 昭・平・令	年 月 日	⑯ 昭・平・令	年 月 日	昭・平・令	年 月 日	昭・平・令	年 月 日
	⑮ 昭・平・令	年 月 日 昭・平・令	⑰ 昭・平・令	年 月 日 昭・平・令				

第5章 ◆ 離婚とお金について知っておくべきこと　133

◆「年金分割のための情報提供請求書」の記入例◆（別居の場合。その３）

9 請求者（甲）の婚姻期間等に係る資格記録

※ 欄外の注意事項を確認のうえ、できるだけ詳しく、正確にご記入ください。

	事業所（船舶所有者）の名称および船員であったときはその船舶名（国民年金に加入していた場合は国民年金とご記入ください。）	事業所（船舶所有者）の所在地または国民年金加入時の住所	勤務期間または国民年金の加入期間	加入していた年金制度の種類（○で囲んでください）	備 考
1	国民年金	△△市△△町○丁目△△番	昭和○年○月○日 から 継続中 まで	①国民年金（1号・③号）2 厚生年金保険 3 厚生年金保険（船員）4 共済組合等	
2			・ ・ から ・ ・ まで	1 国民年金（1号・3号）2 厚生年金保険 3 厚生年金保険（船員）4 共済組合等	
3			・ ・ から ・ ・ まで	1 国民年金（1号・3号）2 厚生年金保険 3 厚生年金保険（船員）4 共済組合等	
4			・ ・ から ・ ・ まで	1 国民年金（1号・3号）2 厚生年金保険 3 厚生年金保険（船員）4 共済組合等	
5			・ ・ から ・ ・ まで	1 国民年金（1号・3号）2 厚生年金保険 3 厚生年金保険（船員）4 共済組合等	
6			・ ・ から ・ ・ まで	1 国民年金（1号・3号）2 厚生年金保険 3 厚生年金保険（船員）4 共済組合等	
7			・ ・ から ・ ・ まで	1 国民年金（1号・3号）2 厚生年金保険 3 厚生年金保険（船員）4 共済組合等	
備考欄					

（注１） 本請求書を提出する日において、厚生年金保険の被保険者である状態が続いている場合には、勤務期間欄は「○○．○○．○○から、継続中」とご記入ください。

（注２） 記入欄が足りない場合には、備考欄にご記入ください。

（注３） 加入していた年金制度が農林漁業共済組合の場合、事業所名称欄には「農林漁業団体等の名称」を、事業所所在地欄には「農林漁業団体等の住所地」をご記入ください。

（注４） 米軍等の施設関係に勤めていたことがある方は、事業所名称欄に部隊名、施設名、職種をできるかぎりご記入ください。

個人で保険料を納める第四種被保険者、船員保険の年金任意継続被保険者となったことがありますか。	1 はい ・ 2 いいえ
「はい」と答えたときは、その保険料を納めた社会保険事務所、社会保険事務局または社会保険事務局の事務所の名称を記入してください。	
その保険料を納めた期間をご記入ください。	昭和・平成・令和 年 月 日から昭和・平成・令和 年 月 日
第四種被保険者(船員年金任意継続被保険者)の整理記号番号をご記入ください。	記号 番号

10 請求者（甲）の年金見込額照会

　　５０歳以上の方または障害厚生年金を受けている方で希望される方に対しては、年金分割をした場合の年金見込額をお知らせします。該当するものに○をつけてください。

　　１．年金見込額照会を希望しますか。　（ 希望する ・ 希望しない ）

　　２．希望するを○で囲んだ場合は、希望する年金の種類と按分割合（上限５０％）をご記入ください。

　　　ア．希望する年金の種類　（ 老齢厚生年金 ・ 障害厚生年金 ）

　　　イ．希望する按分割合　（　　　　％）

（元.5）

◆「年金分割のための情報提供請求書」の記入例◆ (別居の場合。その4)

[11] **請求者（乙）または配偶者の婚姻期間等に係る資格記録**

※ 欄外の注意事項を確認のうえ、できるだけ詳しく、正確にご記入ください。

	事業所（船舶所有者）の名称および船員であったときはその船舶名 （国民年金に加入していた場合は国民年金と記入して下さい。）	事業所（船舶所有者）の所在地または国民年金加入時の住所	勤務期間または国民年金の加入期間	加入していた 年金制度の種類 （〇で囲んでください）	備考
1			・　・　から ・　・　まで	1 国民年金（1号・3号） 2 厚生年金保険 3 厚生年金保険（船員） 4 共済組合等	
2			・　・　から ・　・　まで	1 国民年金（1号・3号） 2 厚生年金保険 3 厚生年金保険（船員） 4 共済組合等	
3			・　・　から ・　・　まで	1 国民年金（1号・3号） 2 厚生年金保険 3 厚生年金保険（船員） 4 共済組合等	
4			・　・　から ・　・　まで	1 国民年金（1号・3号） 2 厚生年金保険 3 厚生年金保険（船員） 4 共済組合等	
5			・　・　から ・　・　まで	1 国民年金（1号・3号） 2 厚生年金保険 3 厚生年金保険（船員） 4 共済組合等	
6			・　・　から ・　・　まで	1 国民年金（1号・3号） 2 厚生年金保険 3 厚生年金保険（船員） 4 共済組合等	

備考欄	・　・　から　・　・　まで	
	・　・　から　・　・　まで	
	・　・　から　・　・　まで	
	・　・　から　・　・　まで	

（注1）　本請求書を提出する日において、厚生年金保険の被保険者である状態が続いている場合には、勤務期間欄は「〇〇．〇〇．〇〇から、継続中」とご記入ください。
（注2）　記入欄が足りない場合には、備考欄にご記入ください。
（注3）　加入していた年金制度が農林共済組合の場合、事業所名称欄には「農林漁業団体等の名称」を、事業所所在地欄には「農林漁業団体等の住所地」をご記入ください。
（注4）　米軍等の施設関係に勤めていたことがある方は、事業所名称欄に部隊名、施設名、職種をできるかぎりご記入ください。
（注5）　当事者の一方のみによる請求の場合であって、現住所が不明な場合は「㋐住所」に不明と記入し、「配偶者の住所歴」に住所をわかる範囲でご記入ください。

個人で保険料を納める第四種被保険者、船員保険の年金任意継続被保険者となったことがありますか。	1　はい　・　2　いいえ	
「はい」と答えたときは、その保険料を納めた年金事務所（社会保険事務所）の名称をご記入ください。		
その保険料を納めた期間をご記入ください。	昭和・平成・令和　　年　月　　日から昭和・平成・令和　　年　月　　日	
第四種被保険者（船員年金任意継続被保険者）の整理記号番号をご記入ください。	記号　　　　　　　番号	

[12] **請求者（乙）の年金見込額照会**

　５０歳以上の方または障害厚生年金を受けている方で希望される方に対しては、年金分割をした場合の年金見込額をお知らせします。該当するものに〇をつけてください。
　１．年金見込額照会を希望しますか。　　（　希望する　・　希望しない　）
　２．希望するを〇で囲んだ場合は、希望する年金の種類と按分割合（上限５０％）をご記入ください。
　　ア．希望する年金の種類（　老齢厚生年金　・　障害厚生年金　）
　　イ．希望する按分割合　（　　　　％）

コラム 離婚と税金

　離婚に際して受け取る可能性がある婚姻費用、財産分与、慰謝料などと税金の関係をみておきましょう。

　まず、贈与税、所得税については、「原則として」課税されません。いずれについても理由は異なりますが、たとえば、財産分与は、本来夫婦それぞれが持つべき財産の精算で、新たに財産を取得したものではないからです。

　しかし、これについては例外があります。たとえば、各家庭の具体的な事情に照らして、財産分与という名目で受け取った金額が多すぎると税務署に判断された場合には、その多すぎる部分に贈与税や所得税が課税されます。また、財産分与は離婚の成立とともに生じるものなので、離婚が成立する前に財産分与として自宅の不動産を受け取った場合、一部の例外はありますが、受け取った側に贈与税や所得税がかかってきます。

　贈与税や所得税以外で注意しなければならないのは、登録免許税です。財産分与に際して不動産の名義を変更する場合には、その登記を申請する必要がありますが、このときに登録免許税が必要になります。登録免許税は、固定資産税評価額の原則2％がかかるので、たとえば、固定資産税評価額が5,000万円の不動産であれば、登記を申請するだけでも100万円がかかるということになります。離婚に際しては、この費用をどちらが負担するかも決めておかなければならないでしょう。

　婚姻費用や慰謝料における例外や、不動産取得税がかかるか否かなど、他にも注意しなければならない問題があります。離婚の条件を決めるにあたっては、税理士や税務知識のある弁護士などの専門家に一度相談しておくと安心です。

第**6**章

子どもがいるときに
決めておくべきこと

　離婚にあたり、子どもがいる場合には、子ども
に関することを決める必要があります。大きく分
けて、①親権、②面会交流、③養育費の3つで
す。また、離婚でひとり親家庭になる場合、自治
体から様々な支援を受けられることが多いです。
　この章ではそれぞれについて詳しく説明したい
と思います。

6-1

親権とは
どんなもの？

▶今後も子どもと一緒に暮らすために知っておくべきこと

⑴親権とはどのようなものか

①親権の要素は２つある

　親権は、具体的には、㋐身上監護（身の回りの世話）と㋑財産管理（子どもの財産の管理）という２つの要素から成り立っています。

㋐身上監護（身の回りの世話）とは

　親権者は、子の監護および教育の権利を有し、義務を負うとされています。平たく言えば、親権者（＝親権を行使する者）は、子どもが一人前の社会人として独立できるように身の回りの世話と教育について、権利と責任を負っています。

　親権というと親の子どもに対する権利という感じを受けますが、子どもの福祉を中心に子どもの視点から考えると、親権には、子どもが健全に成長、発達するために必要な世話をし、教育を施す親の義務という側面があるということが重要です。

㋑財産管理（子どもの財産の管理）とは

　親権者は子どもの財産を管理します。管理とは、たとえば子ども名義の銀行口座をつくって現金を預金することのほかに、子ども名義の不動産を賃貸に出したり、普通預金から利息のよい定期預金にすることなども含まれます。さらに、たとえば、値下がりするおそれのある株式を売って預金しておくことも管理であるとされます。

138

②離婚後は父母のどちらかしか親権者になれない

　では、親権者にはだれがなるのでしょうか。父母が結婚している
あいだは、父母が共同して親権を行使するとされています。これを、
「**共同親権**」といったりします。どちらかが親権を行使できない場
合には、他の一方が親権を行使します。行使できないときとは、行
方不明になった場合や罪を犯して刑務所で受刑している場合などが
考えられます。

　**しかし、父母が離婚する場合は、どちらかを親権者と定める必要
があります。**離婚後は、共同親権は認められません。**父母のどちら
を親権者とするかを記載しないと離婚届が受理されません。**

③親権者を決めるためのプロセス

　では、どのように親権者を決めるのでしょうか。これは、協議離
婚と調停離婚で異なります。

㋐協議離婚の場合

　父母が協議離婚、すなわち、2人の話し合いで離婚する場合には、
どちらを親権者にするかについてもあわせて話し合います。どちら
が親権者となるかが決まれば、それに従って離婚届を提出すればよ
いことになります。

㋑調停離婚の場合

　当事者だけの話し合いで離婚について同意ができない場合、家庭
裁判所での話し合いの手続きである「調停」を利用することがあり
ます。

　調停の場合には、どちらが親権者としてふさわしいかについて家
庭裁判所が調査官という人を通じて、父母に対する面談や子どもの
通う幼稚園や学校への訪問、場合によっては子ども本人への聞き取
り等の調査をすることがあります。これを「**調査官調査**」といいま

第6章 ◆ 子どもがいるときに決めておくべきこと　139

す。調査官調査が行われた場合、この結果をもとに親権者をどちらにするかという話し合いを行うことになります。

㈦裁判離婚の場合

調停でも話し合いがまとまらない場合は、裁判で離婚をするかどうか、離婚するとしてどういった条件にするべきかといったことについて、裁判所の判断をあおぐことになります。

そのなかで親権者についても最終的には裁判所が判断します。

⑵親権者の判断基準はどんなものか

では、親権を獲得するにはどうすればよいでしょうか。確実な答えはないのですが、調査官調査で、家庭裁判所の調査官が、父母のどちらが親権者にふさわしいと判断しているのか、その基準を知ることは有益でしょう。

一言でいえば、父母のいずれが親権者になることが子どもの利益になり、子どもの幸福に適するのかという観点から調査官調査を行っています。そして、具体的には、調査官は次のような基準に従って父母のどちらが親権者としてふさわしいかを判断しているといわれています。

①父母の事情

まずは、父母の事情について検討されます。具体的には、子どもの面倒をみることについての意欲（子どもに対する愛情の度合い）や、子どもの世話に対する現在および将来の能力（親の年齢、心身の健康状態、時間的余裕、資産・収入などの経済力、実家の援助等）、生活環境（住宅事情、居住地域、学校関係）などです。

㈠子どもの面倒をみることについての意欲

離婚して親権者となった場合、唯一の親権者として子どもが成長

するために必要な面倒をみる責任が生じます。そうだとすれば、親権者には、子どもの面倒をみようという強い意欲、言い換えれば、子どもに対する強い愛情が不可欠といえます。

(イ)子どもの世話に対する現在および将来の能力

• 親の年齢

　特に子どもが幼いときには、成人するまでには一定の年月を要します。その間、安定して子どもの面倒をみていくためには、親権者になる親があまりに高齢というのはふさわしくない可能性もあるでしょう。そのような観点から親の年齢も考慮されるようです。

• 心身の健康状態

　親権とは、子どもが社会人として独立するように身の回りの世話をすることが中心的な内容です。したがって、親権者には、当然これを行える心身の健康が求められることになりますから、大きな病気を患っていないか、精神的に病んでいないかといった点も検討されます。

• 時間的余裕

　特に、幼い子どもの面倒をみるためにはまとまった時間が必要になります。また、子どもの健全な発育には親子の交流は重要です。そのような時間を確保することができるか否かということも調査の対象になります。

• 資産・収入などの経済力

　子どもが成人するまでには、日々の食費や病気になったときの治療代、教育費など相当な金額が必要になります。そうした場合、資産や収入が多いに越したことはないため、経済力もひとつの要素にはなりえます。しかし、親権者にならない親は、離婚後に養育費を負担することになるため、養育費を含めて考えたときに子どもの成長に十分な費用をまかなえるのかという観点のほうが大事です。あ

第6章 ◆ 子どもがいるときに決めておくべきこと　141

くまでひとつの材料程度に考えましょう。

・実家の援助

たとえば働いていれば、終始子どものそばにいるわけにはいきません。保育園や幼稚園に預けるといったことのほかに実家の親等の支援が得られれば子育てもしやすいでしょうし、子どもも1人になる時間が少なく寂しい思いをしなくてすみます。

もっとも、実家から離れて暮らしている人が多いでしょうし、実家の援助が親権者になるために必須というわけではないですから、こちらもひとつの検討事項という程度に思っていて問題ないでしょう。

◆親権者を決める際に考慮される能力◆

親の年齢	心身の健康状態
子どもが小さいときには成人するまで面倒をみれる年齢の親が望ましい	子どもが成人するまで世話ができる心身の健康が求められる
時間的余裕	資産・収入などの経済力
面倒をみたり、子どもと交流する時間がとれること	食費、学費などをまかなえる経済力があることも判断材料の1つ
実家の援助	
支援が得られれば、子育てもしやすいので判断材料の1つとなる	

親権者には、子どもへの強い愛情、子どもの健全な成長を期待できる人が望ましい

㈡生活環境

　これは、親権者になる親の住まいやその地域が子どもの健全な成長に適したものであるかどうかという視点です。ただ、新しい環境がよほど劣悪という場合以外は、どちらがより良いかという点を重視することはあまりないように感じます。

　それよりは、子どもが現在と同じ幼稚園・保育園あるいは学校にそのまま通えるのか、子どもの養育環境に変更がないかという点が重視されているといえるでしょう。

②子どもの事情

　そして当然、子どもの事情も考慮の対象になります。具体的には、子どもの年齢、性別、意思、心身の発育状況、兄弟姉妹の関係、父母の離婚後の環境の変化による影響、親や親族との情緒的な結びつき等を考慮します。

③特に重視される事情

　①と②で挙げた事情の他、これまで特に重視されてきた事情といえるものについて説明します。

㈠継続性の原則

　これまで主体的に子どもの面倒をみてきた者を優先させるという考え方です。現在の養育環境に特に問題がない場合、それを変更することは子どもの発育環境を悪化させ、健全な成長を阻害すると考えられるからです。

　一般的に、親権をとるのは母親が有利といわれるのは、実際に母親のほうが子どもの面倒をみていることが多いためであり、母親という理由だけで父親に優先するわけではないのです。

第6章 ◆ 子どもがいるときに決めておくべきこと　143

㈡子どもの意思の尊重

　15歳以上の子どもに関しては、親権者の指定等について子どもの意見を聞くことになっています。また、15歳未満であっても、調査官調査にあたっては、子どもの意思を確認しているようです。あくまで、法律上、子どもの意見を尊重するという定め方であり、子どもの意思に従うわけではない点には注意が必要です。

㈢兄弟姉妹不分離の原則

　兄弟姉妹は一緒に育てるのを原則とする考え方です。これは、それまで一緒に育ってきた兄弟姉妹を離れ離れにすることは子どもの心身の発達に悪影響を及ぼすという理由によります。

　もっとも、子どもの年齢や子どもの意思等も考慮しますから、必ず兄弟姉妹は不分離にするというわけではなく、ケースバイケースの判断がなされているようです。

㈣母性優勢の基準

　子どもが乳幼児の場合、特段の事情がない限りは母親を親権者として面倒をみさせるのが子どもの利益にかなうという考え方です。

　しかし、㈠でも述べたように、母親であるというだけで優先されるわけではなく、これまで誰が中心になって面倒をみてきたのかを中心に、どちらが真に親権者として適切かについて総合的に検討しているといえます。

コラム　不倫した親でも親権者になれるの？

　法律相談をしているとよく聞かれる質問のひとつに、「浮気した親でも親権者になれるのか？」というものがあります。

　具体的には、夫側からの相談で、「妻は不倫しているから親権は渡したくない」という主張がよくあり、当然に不倫をした妻は親権者にはなれないと考えている人が多くいらっしゃいます。

　しかし、結論から言うと、不倫した親でも親権者になることはできます。不倫することと子どもの面倒をみることは両立するからです。子どもの世話に問題がない限り、不倫をしたことだけをもって、親権者として不適格とはいえません。あくまで、これまでみたような養育環境の安定性や親子の結びつきの状況等から、どちらが子どもの利益にかなうのか総合的な判断がされます。

第6章 ◆ 子どもがいるときに決めておくべきこと　145

6-2

親権者になれないと子どもに会えないのか

▶ 離れて暮らす親子には「面会交流」が認められている

(1) 面会交流とは

「親権者になれなかった親はその後、子どもと会う機会をずっと奪われてしまう」と考える人もいらっしゃいますが、そんなことはありません。親権者になれなかった親には、離れて暮らす子どもと定期的に会ったり、あるいは、電話や手紙で交流を持つことが認められます。このような、親権者にはなれなかった親と離れて暮らす子どもとの交流のことを「**面会交流**」といい、面会交流をする権利のことを面会交流権といいます。

多くのケースでは、離婚後、面会交流は月1回程度のペースで行われているようです。あとで詳しく説明しますが、家庭裁判所の調停で面会交流について話し合いを行う場合、ひと月に1回というペースがひとつの基準として定着しているためです。

面会交流は、基本的には、親権者になれなかった親と離れて暮らす子どもが実際に会って交流を図るものです。しかし、たとえば仕事の関係で親権者になれなかった親が海外や遠隔地で暮らしているなど、実際に面会の機会を持つのが難しい場合があります。そのようなときに、手紙や電話を用いて間接的に交流を図ることがあります。このような交流は、直接的な面会ではないため、「間接交流」といわれることがあります。現在では、手紙や電話に加えて、テレビ電話やスカイプを用いて間接交流を行うケースも増えているようです。

> **コラム** **面会交流は子どもの権利⁉**
>
> 　先ほど、面会交流権については、親権者になれなかった親が子どもに会い、交流を持つための権利であると説明しました。
>
> 　しかし、最近では、面会交流権は、離れて暮らす子どもが親権者になれなかった親と交流を図り、健全に発育する機会を得るための権利であると説明されることも増えています。
>
> 　同じようなことを言っているように思いますが、親の権利と考えるか、子どもの権利と考えるかという大きな違いがあるのです。
>
> 　もっとも、これはひとつの物事を右からみるか左からみるかの違いでしかなく、親権者になれなかった親と子どもとの交流は、離婚後の子どもの精神的な安定や健全な成長に極めて重要であることには争いがありません。
>
> 　仮に離婚したとしても、親権者になれなかった元配偶者は子どもの親であることには変わりはないので、離婚後も、子どものために面会交流では協力できる関係を築くのが望ましいでしょう。

(2)面会交流の決め方

　面会交流を実施するのかしないのか、また、実施するとしてどのように実施するのかはどうやって決めるのでしょうか。大きく分けると話し合いと裁判所での手続きの2つがあります。以下、それぞれ詳しくみていきましょう。

①話し合いで決めるとき

　まずは、親権者になった親と親権者になれなかった親の話し合い

第6章 ◆ 子どもがいるときに決めておくべきこと　147

を行う必要があります。面会交流を行うか否か、行うとしてどのくらいのペースで実施するのか、どこで会うのか等、次ページで詳しく説明しますが、面会交流を実施するにあたって当事者間で決めるべきことがあります。

　ただし、離婚に至るくらい夫婦間の関係が悪化している状況なので、面会交流の話し合いも冷静に行うことができない夫婦が多いのが現状のようです。

②調停（審判）で決めるとき
　当事者間で話し合いができない、あるいは話し合いはできたがまとまらない場合には、家庭裁判所で面会交流に関する調停を行うことになります。

　調停とは、家庭裁判所で、調停委員という人たちの仲介で行う話し合いの手続きです。

　当事者間ではなかなか冷静な話し合いができない場合でも、第三者を介することで落ち着いて面会交流について考えることができる場合もあります。また、調停の場に登場することはほとんどありませんが、各調停には必ず1人の担当裁判官がつき、毎回の調停ごとに事情を把握しています。実際に調停に臨席する調停委員を通じて、それぞれのケースの法的問題点や、これまでの事例からみた解決の見通し等の助言が得られる場合もあります。

　さらに、家庭裁判所の調査官という、心理学や社会学の専門家がいて、どのような面会が望ましいのかについて、両親や、場合によっては子どもにも面談して調査を行ってくれます。調査官による調査の結果も、当事者にとっては、どのように面会を実施すべきかについての大きな道しるべになるでしょう。

　しかし、調停も話し合いの手続きですから、当事者が合意できなければまとまりません。調停がまとまらなかったときは、審判とい

う手続きに移行します。審判は、調停までに出そろった資料をもとに、裁判官が面会交流を実施するべきかどうか、実施する場合にはどのように実施するかを決めてしまうというものです。いわゆる裁判をイメージしていただければ、それとおおよそ同様のものです。

(3)決めるべき内容

　面会交流を実施する場合に定める基本的な内容は、①面会の頻度、②１回あたりの面会の時間の２つです。

①面会の頻度

　１つ目の面会の頻度とは、面会交流を実施するペースのことです。たとえば、ひと月に１回とか、３か月に１回というように面会交流を行う具体的な頻度を定める必要があります。

②面会の時間

　２つ目の面会の時間とは、たとえば、１回あたり３時間とか、具体的な実施の時間です。このなかで、面会中に食事を一緒にするのかとか、宿泊付きの面会交流を認めるのかといった点も定める場合があります。

　多くの場合は、この２つをカバーするかたちで、たとえば、「月に１回程度、１回あたり３時間の面会交流を行う。具体的な日時等については都度協議で決める。」といった文言にします。

　もっとも、夫婦間の争いが激烈であり、離婚後に面会交流の調整を当事者間ではできないような場合には、もっと細かく具体的に定めることもあります。具体的には面会の頻度、時間だけではなく、実施日時（たとえば毎月第１日曜日など）、子どもの受け渡しの方法、予定日時に実施できなかったときの代替の面会の実施日時などです。

第6章 ◆ 子どもがいるときに決めておくべきこと　149

逆に、元夫婦間の関係が良好で面会についてむしろフレキシブルに実施したいときは、「面会交流については、子の福祉に反しないように、都度協議して行う。」といった簡単な合意にすることもあります。

⑷約束した面会交流を守ってもらえないとき

面会交流について調停や審判で実施することが決まっても、親権者が、親権者になれなかった親に子どもを会わせないことがあります。そのような場合には「**間接強制**」によって約束を守らせることができます。間接強制は、裁判手続きで決められたことを、法律をもって強制するための方法（「**強制執行**」という）のひとつで、決められたことを守らない人に対して一定の金員の支払義務を課すことによって、決められたことを守らせようとするものです。

たとえば、面会交流をさせないと1回あたり5万円を払うように命じて、制裁金を払いたくないという気持ちを利用して、面会に応じさせようとします。

ただ、間接強制を利用するには、面会交流の合意のなかで面会の頻度や回数などを決めておかなければなりません。これについて合意がないと間接強制ができません。間接強制を利用することが考えられるような場合には、必ず弁護士に相談するようにしましょう。

⑸実際の交流にあたって気をつけること

面会交流は、子どもが離れて暮らす親と会うことのできる貴重な機会です。親権者としては、離婚した元配偶者と子どもが自分の目の届かないところで会うのを快く思わないこともあるでしょう。しかし、子どもにとっては親権者になれなかった親も、実の親であることには変わりありません。また、多くの場合、子どもの成長に応じて進学等で親権者になれなかった親と協力しなければならなくな

るでしょう。

　そのため、親権者になった親としては、自分が子どもを親権者に
なれなかった親に会わせたくないという理由だけで面会を妨げたり、
あるいは親権者になれなかった親のことを悪く言ったりすることは
絶対に避けましょう。

コラム　第三者機関の利用

　たとえば離婚の原因がモラハラであるとか、暴力であるとい
った場合には、元配偶者に直接連絡したり、面会で子どもを受
け渡す際に会うのは耐えがたい苦痛でしょう。

　そのような場合に利用を考えたいのが、面会交流をサポート
してくれる第三者機関です。代表的な機関だと、FPIC（公益
社団法人家庭問題情報センター）というところがありますが、
そのほかにも社会福祉協議会やサポートを行っているNPOも
あるようです。場合によっては、そういった機関に相談するの
も手段の１つでしょう。

　ただし、機関ごとに利用の条件があり、合意内容によっては
サポートできないといわれてしまう場合があります。第三者機
関の利用を検討する場合には、どういった合意内容であれば利
用が可能なのかということを予めその機関に相談するようにし
ましょう。

　また、利用には費用が掛かる場合が多いですから、利用する
内容の合意をする場合には、利用費用を各当事者がどのように
負担するのかという点についても決めておきましょう。

第6章 ◆ 子どもがいるときに決めておくべきこと　151

6-3

子どもの養育費は
親が請求するもの？

▶一般的に金額は「算定表」に基づいて決められる

⑴養育費とは

　離婚にあたって親権者になれなかったとしても法律上、子どもの親であることには変わりありません。そして、親には子どもを扶養する義務があります。具体的には、子どもには親である自分と同程度の生活を送らせる必要があります。そのために子どもに支払う金員を養育費といいます。

　このように養育費は、親権者になれなかった親の子どもに対する扶養義務に基づいて支払われるものですから、支払ってもらう権利を有しているのは子どもであり、親権者ではありません。したがって、離婚に際して、親権を持つ親が養育費を請求しない旨の約束をしたとしても、子どもからの養育費の請求を拒むことはできません。

⑵養育費の金額はいくらぐらい？

　養育費がもらえるとして一番気になるのは、どれくらいもらえるのかだと思います。養育費についても、面会交流同様に、まずは当事者でいくらにするかという話し合いを行います。養育費を毎月いくらにするかは当事者の自由です。この話し合いで、養育費の金額について合意できた場合には、①毎月の養育費の額、②毎月いつまでに、③どのような方法で支払うのか（銀行振り込み等）、④子どもが何歳になるまでなのかという点について明記した合意書を作成しましょう。

　この話し合いがまとまらない場合には、面会交流と同様に、裁判

152

所での調停、審判の手続きを行います。その場合、養育費を決めるにあたって基準になるのが家庭裁判所で用いられる「養育費算定表」です。これは夫婦の収入と子どもの数及び年齢をもとに養育費の目安を定めた表です。調停で話し合いがまとまらなかった場合に移行する審判では、算定表で導かれる数字が養育費として決定される場合が多いので、当事者間の話し合いや調停の場面でも算定表で導かれる数字をベースに交渉を行うことが多いでしょう。

たとえば、夫の年収が500万円、妻の年収が300万円、5歳と3歳

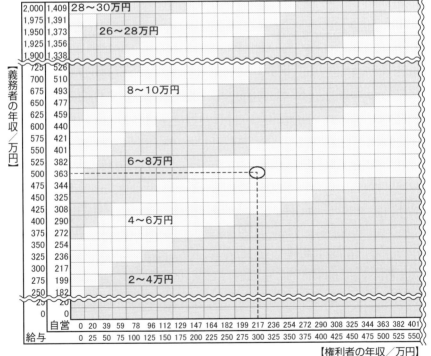

◆養育費の算定例◆ (算定表「表3」。本書の162ページを参照)
(夫が年収500万円、妻が年収300万円、5歳と3歳の子どもがいる場合)

出所:「養育費・婚姻費用算定表」(東京家庭裁判所ホームページ)より作成

第6章 ◆ 子どもがいるときに決めておくべきこと　153

の子どもがいる夫婦が離婚し、妻が親権者となった場合、算定表によれば、夫が支払うべき養育費は4万円〜6万円です。

コラム　習いごとや私立学校等の費用負担について

　習いごとや私立学校に通わせたい場合に、養育費のほかにこれらの費用を負担してもらうことはできるでしょうか。

　結論から言うと、これらの費用は、当然には負担してもらえません。これらについては別途当事者で協議して負担してもらうために話し合いを行う必要があります。もっとも、離婚前に夫婦の話し合いで習いごとに通わせることについて同意があった、私立学校に入学させることや学費の負担について合意があったということであれば、離婚後もそれらの合意に基づいて、養育費とは別に費用負担を続けてもらうことができる場合はあるでしょう。

6-4

公的扶助には
どんなものがある？

▶全国共通ではないものもあるので確認すること

　離婚後、子どもを自分だけで育てていくのは大変なことです。養育費をもらえるにしても、それだけでは足りない場合もあります。そのような場合には、次のような公的な支援を活用することをおすすめします。

⑴児童手当

　0歳から中学卒業（15歳になって最初の3月31日）までの児童を養育している人に支給されます。支給額は子どもの年齢、親の所得によって決まります。また所得制限があります。

⑵児童扶養手当

　高校卒業（18歳になって最初の3月31日）までの子どもをひとり親で育てている場合に支給されます。支給金額は所得に応じて変わります。児童手当と合わせて受給することができます。

⑶母子家庭等の住宅手当

　自治体が行っているもので、お住まいの自治体に必ずあるとは限りませんが、住宅手当を支給してくれる自治体もあります。離婚にともない引っ越す場合には、このような制度がある自治体を選ぶのもひとつの手段でしょう。

第6章 ◆ 子どもがいるときに決めておくべきこと　155

⑷ひとり親家庭等医療費助成制度

　診療の報酬明細から一部負担金を差し引いた金額が助成されるなど、ひとり親家庭に適用される医療費の軽減措置です。

⑸母子父子家庭自立支援給付金事業

　母子家庭の母又は父子家庭の父の主体的な能力開発の取組みを支援するもので、対象教育訓練を受講し、修了した場合、経費の60％（１万2001円以上で20万円を上限）が支給されます。支給については、受講前に都道府県等から講座の指定を受ける必要がありますので、必ず事前に居住している市（町村在住の人は都道府県）に相談するようにしましょう。

◆主な公的扶助◆

名　　　称	内　　　容
児童手当	ひとり親家庭かどうかにかかわらず、中学校修了までの児童1人につき月額1万5千円または1万円が支給される国の制度。ただし、所得制限があり、世帯で一定額以上の所得がある場合には、受け取ることができない。地方自治体（市区町村）に請求する。
児童扶養手当	18歳に達して最初の3月31日までの子どもがいるひとり親に、所得に応じた金額が支給される国の制度。 支給額は所得に応じて異なり、所得制限以下の場合、子どもが1人であれば4万2,910円、2人目の子どもがいることにより1万140円が加算され、3人目以降は1人につき6,080円が加算される（平成31年4月現在）。なお、児童扶養手当の額は、物価の変動等に応じて毎年改定される。 地方自治体（市区町村）に請求する。
児童育成手当	児童扶養手当と同様、18歳に達して最初の3月31日までの子どもがいる、定められた所得限度額未満のひとり親に、手当が支給される地方自治体の制度。 詳細は市区町村にお問い合わせのこと。
特別児童扶養手当	20歳未満で精神または身体に障害を有する児童を家庭で監護、養育している父母等に手当が支給される国の制度。 児童扶養手当とは異なり、心身に障害を持つ児童がいる家庭が対象。手当の額は障害の程度によって変わり、所得制限もある。
母子家庭等の住宅手当	地方自治体による、ひとり親家庭に対する家賃等の補助のしくみ。限られた地方自治体でのみ設けられている制度なので、詳細は市区町村にお問い合わせのこと。
ひとり親家庭等医療費助成制度	18歳に達して最初の3月31日までの子がいるひとり親の家庭等を対象に、親や子どもが病院などで診察を受けた際の健康保険自己負担分のうち一部を地方自治体が助成する制度。所得制限がある。
医療費助成制度（乳幼児・義務教育就学児）	地方自治体による子どもの医療費が助成される制度。支給の対象になる子どもの年齢や支給金額は地方自治体によって異なる。

第6章 ◆ 子どもがいるときに決めておくべきこと　157

巻末資料

現在、東京家庭裁判所と大阪家庭裁判所で参考資料として使われている
「養育費・婚姻費用算定表」を抜粋して掲載しています。この表の全体像は、
http://www.courts.go.jp/tokyo-f/vcms_lf/santeihyo.pdf で確認できます。

◆養育費の算定表（0～14歳の子どもが1人の場合）◆

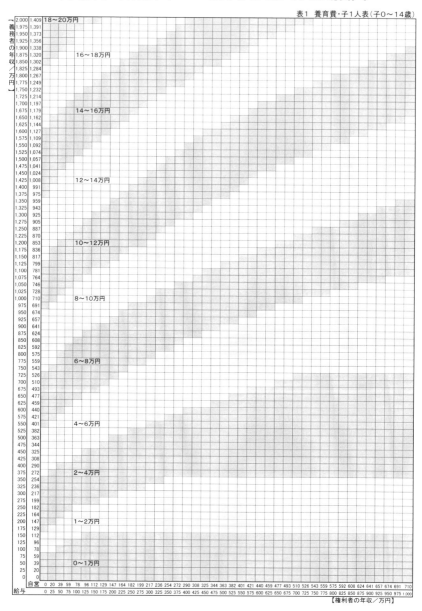

表1 養育費・子1人表（子0～14歳）

◆養育費の算定表（15〜19歳の子どもが１人の場合）◆

表2 養育費・子1人表(子15〜19歳)

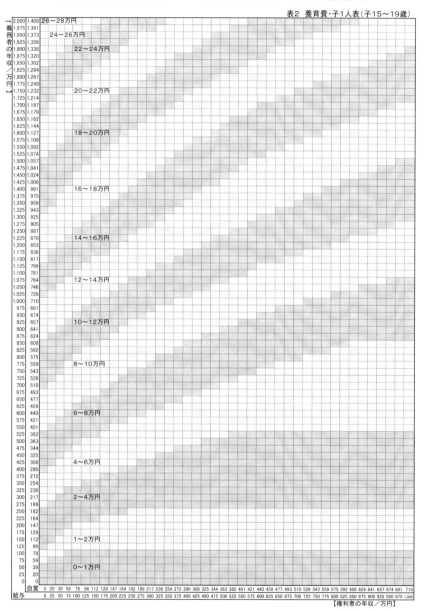

【権利者の年収／万円】

巻末資料 161

◆養育費の算定表（第1子及び第2子が0〜14歳の場合）◆

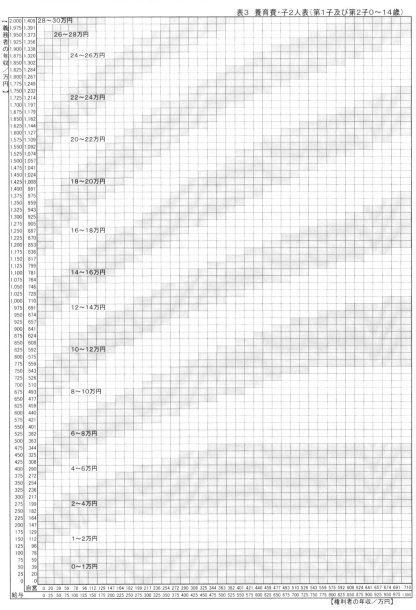

表3 養育費・子2人表（第1子及び第2子0〜14歳）

◆養育費の算定表（第1子15〜19歳、第2子0〜14歳の場合）◆

表4 養育費・子2人表（第1子15〜19歳，第2子0〜14歳）

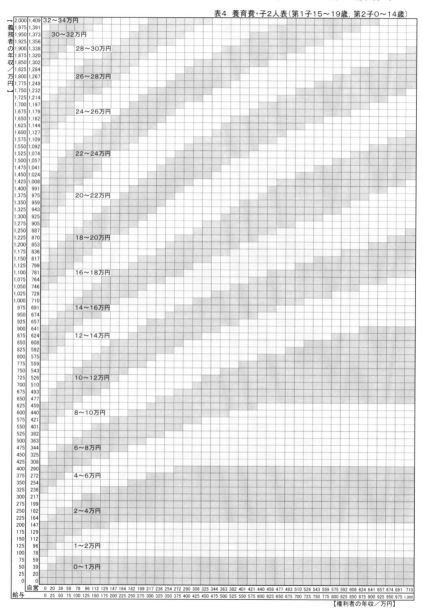

巻末資料 163

◆婚姻費用の算定表（夫婦のみの場合）◆

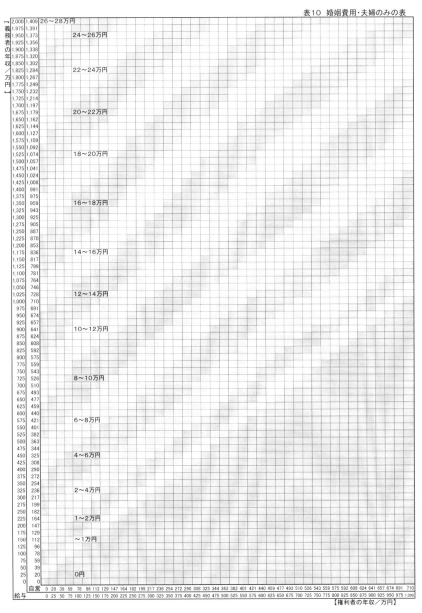

表10　婚姻費用・夫婦のみの表

◆婚姻費用の算定表（子1人：0～14歳の場合）◆

表11　婚姻費用・子1人表（子0～14歳）

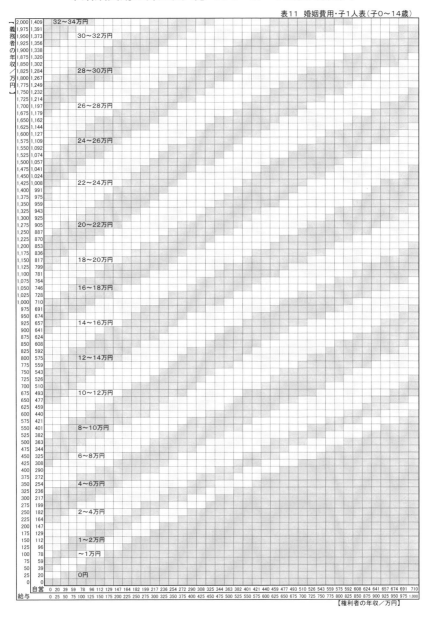

◆婚姻費用の算定表（子1人：15～19歳の場合）◆

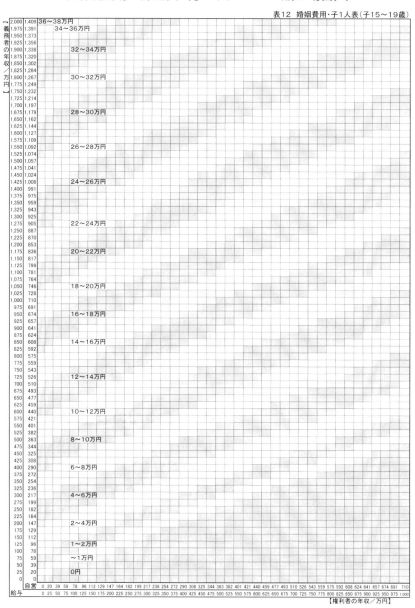

表12 婚姻費用・子1人表（子15～19歳）

◆婚姻費用の算定表（子2人：第1子及び第2子0〜14歳の場合）◆

表13 婚姻費用・子2人表（第1子及び第2子0〜14歳）

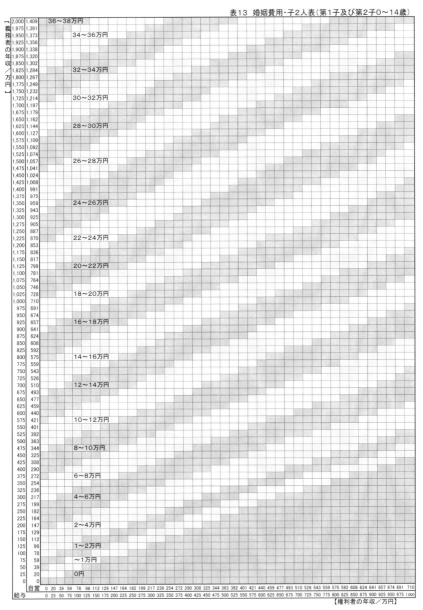

巻末資料　167

◆婚姻費用の算定表(子2人:第1子15～19歳、第2子0～14歳の場合)◆

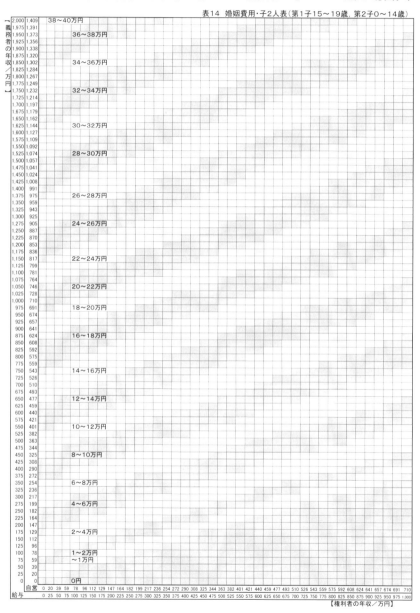

表14 婚姻費用・子2人表(第1子15～19歳、第2子0～14歳)

【権利者の年収／万円】

◆婚姻費用の算定表（子2人：第1子及び第2子15～19歳の場合）◆

表15 婚姻費用・子2人表（第1子及び第2子15～19歳）

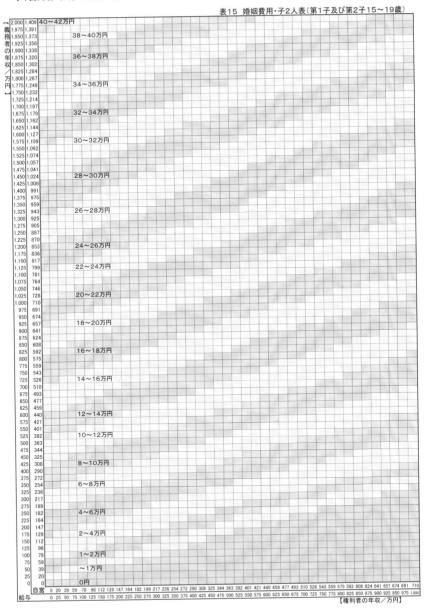

索　引

数字・欧文

2分の1ルール ……………………… 114

3号分割 ……………………………… 129

ＤＶ ……………………………………… 20

あ行

悪意の遺棄（法定離婚事由）……… 86

慰謝料 ………………………… 84, 120

慰謝料的財産分与 ………………… 112

慰謝料の額 ………………………… 121

慰謝料の時効 ……………………… 121

医療費助成制度 …………………… 157

援用 ………………………………… 122

か行

家事調停 …………………………… 108

寡婦控除 …………………………… 36

株式（財産分与での考え方）…… 116

間接強制 …………………………… 150

間接交流 …………………………… 146

基礎年金 …………………………… 124

危難失踪 …………………………… 88

協議離婚 ……………………… 10, 63

共済年金 …………………………… 124

強制執行 …………………………… 150

共同親権 …………………………… 139

強度の精神病にかかり、回復の見込みが
ないこと（法定離婚事由）……… 88

共有財産 ……………………… 91, 113

寄与度 ……………………………… 114

継続性の原則 ……………………… 143

兄弟姉妹不分離の原則 …………… 144

原告 ………………………………… 72

減免制度 …………………………… 36

合意分割 …………………………… 129

公正証書 …………………………… 110

厚生年金 …………………………… 124

公的扶助 ……………………… 35, 155

国民健康保険料の軽減 …………… 36

国民年金 …………………………… 124

国民年金保険料の減額・免除 …… 36

子どもの意思の尊重 ……………… 144

子どもの戸籍 ……………………… 47

子どもの名字 ……………………… 47

子どもへの影響 …………………… 37

子の氏の変更 ……………………… 47

婚姻費用 …………………… 42, 84, 104

婚姻費用の額 ……………………… 108

婚姻費用の支払いを求める調停 … 108

婚姻費用の分担義務 ……………… 32

婚姻費用分担請求調停 …………… 108

婚姻を継続し難い重大な事由（法定離婚
　事由）……………………………89
婚氏続称 ……………………46

さ行

裁判手続き ……………………72
裁判離婚 ……………………12, 72
財産管理（親権）………………138
財産分与 ……………………58, 84, 112
財産分与の対象となる財産 ………113
財産分与の割合 …………………114
算定表 ……………………105, 153
シェルター ……………………21
時効 ……………………59
時効の中断 ……………………122
自治体の相談窓口 ………………80
実質的共有財産 …………………113
失踪宣告 ……………………88
児童育成手当 ……………………157
児童手当 ……………………35, 155, 157
児童扶養手当 ……………………35, 155, 157
借金（財産分与での考え方）………118
住所地 ……………………65
消極財産 ……………………92
除斥期間 ……………………122
親権 ……………………138
親権者 ……………………138
親権者の判断基準 ………………140
新算定表 ……………………105
身上監護（親権）………………138

審判離婚 ……………………11, 70
税金 ……………………136
成功報酬（弁護士費用）…………101
清算的財産分与 …………………112
生死不明 ……………………87
セックスレス ……………………24
相談先 ……………………80
相談料（弁護士費用）……………101

た行

第3号被保険者 …………………125
第三者に対する慰謝料請求 ………123
退職金（財産分与での考え方）……117
探偵 ……………………80
着手金（弁護士費用）……………101
調査官 ……………………74
調査官調査 ……………………139
調停 ……………………108, 148
調停委員会 ……………………63, 68
調停前置主義 ……………………63, 70
調停調書 ……………………69
調停離婚 ……………………10, 63
同居協力扶助義務 ………………86
特別児童扶養手当 ………………157
特有財産 ……………………91, 113

な行

年金分割 ……………………58
年金分割制度 ……………………127

年金分割の請求方法 …………… 129	面会交流権 ………………… 146
年金分割のための情報通知書 ……… 130	面会の時間 ………………… 149
年金分割のための情報提供請求書 …… 130	面会の頻度 ………………… 149
	モラルハラスメント（モラハラ）……… 18

は行

判決 …………………………… 74

被告 …………………………… 72

ひとり親家庭等医療費助成制度 …… 156

夫婦関係調整調停 …………… 63, 110

付随申立て …………………… 68

普通失踪 ……………………… 88

不貞行為（法定離婚事由）………… 20, 86

不動産（財産分与での考え方）……… 116

扶養義務 ……………………… 32

扶養的財産分与 ……………… 112

弁護士 ………………………… 80

弁護士報酬 …………………… 100

報酬比例部分 ………………… 125

法定離婚事由 ……………… 12, 61, 85

法律に定められている離婚原因 ……… 12

母子家庭等の住宅手当 ………… 155, 157

母子父子家庭自立支援給付金事業 …… 156

母性優勢の基準 ……………… 144

ま行

マイナスの共有財産 …………… 92

名字 …………………………… 46

面会交流 …………………… 58, 146

や行

有価証券（財産分与での考え方）…… 116

有責配偶者 …………………… 86

養育費 ………………… 34, 84, 152

養育費・婚姻費用算定表 ……… 105

養育費の金額 ………………… 152

預貯金（財産分与での考え方）……… 115

ら行

離婚 …………………………… 10

離婚カウンセラー …………… 80

離婚後の生活費 ……………… 34

離婚調停 ……………………… 63

離婚調停の申立書 …………… 66

離婚届 ………………………… 48

離婚の際に称していた氏を称する届

…………………………… 50

連帯保証人 …………………… 44

わ行

和解 …………………………… 74

執筆者一覧（五十音順）

鎌田　綾子（かまた　あやこ）
弁護士
出身大学：東京大学 農学部、東京大学大学院 農学生命科学研究科（修士課程）、東京大学大学院 農学生命科学研究科（博士課程）、首都大学東京法科大学院 卒
執筆担当：第4章

日原　聡一郎（ひはら　そういちろう）
弁護士
出身大学：慶應義塾大学 法学部法律学科、慶應義塾大学大学院 法務研究科 卒
執筆担当：第6章

松井　剛（まつい　ごう）
弁護士
出身大学：早稲田大学 法学部、早稲田大学大学院 法務研究科 卒
執筆担当：第2章、第3章

矢吹　真理子（やぶき　まりこ）
弁護士
出身大学：立命館大学 法学部法学科 卒
執筆担当：第1章

米澤　弘文（よねざわ　ひろふみ）
弁護士
出身大学：一橋大学 法学部、東京大学大学院 法学政治学研究科 法曹養成専攻（既修）卒
執筆担当：第5章

ベリーベスト法律事務所
2010年にベリーベスト法律事務所を設立。
士業サービスをワンストップで提供できるよう、税理士法人、社
会保険労務士法人、特許業務法人等を設立し、ベリーベストグル
ープを形成。グループ全体では、2019年9月現在、弁護士188名、
税理士15名、社会保険労務士2名、弁理士3名、司法書士3名、行
政書士1名、中国律師6名、アメリカ弁護士1名、オーストラリ
ア弁護士1名が所属している。取扱分野は、M&A・コーポレー
トガバナンス・事業承継などの企業法務から、交通事故・B型肝
炎・離婚問題・刑事弁護・債務整理・遺産相続・労働問題などの個
人法務まで多岐にわたる。著書には『交通事故に遭ったら読む
本』『自己破産と借金整理を考えたら読む本』(以上、日本実業出
版社)などがある。

代表弁護士　萩原達也　第一東京弁護士会　29985

財産分与や戸籍・親権の解決策がきちんとわかる
離婚すると決めたら読む本

2019年10月10日　初版発行

著　者　ベリーベスト法律事務所 ©Verybest Law Offices 2019
発行者　杉本淳一

発行所　株式会社 日本実業出版社　東京都新宿区市谷本村町3-29 〒162-0845
　　　　　　　　　　　　　　　大阪市北区西天満6-8-1 〒530-0047
　　　　編集部 ☎03-3268-5651
　　　　営業部 ☎03-3268-5161　振　替　00170-1-25349
　　　　　　　　　　　　　　　https://www.njg.co.jp/

印刷/壮光舎　製本/共栄社

この本の内容についてのお問合せは、書面かFAX (03-3268-0832)にてお願い致します。
落丁・乱丁本は、送料小社負担にて、お取り替え致します。

ISBN 978-4-534-05726-6　Printed in JAPAN

日本実業出版社の本

交通事故に遭ったら読む本

弁護士法人
ベリーベスト法律事務所
定価 本体 1400円（税別）

交通事故の被害者やその家族が「最低限押さえておくべき対処法、解決までの流れ」を、図表を交えてコンパクトに解説しました。加害者やその保険会社との対応策がわかります。

自己破産と借金整理を考えたら読む本

弁護士法人
ベリーベスト法律事務所
定価 本体 1400円（税別）

自己破産や借金整理（任意整理・個人再生・特定調停）を考える人やその親族が最低限押さえておくべき対処法を、図表を交えてコンパクトに解説。それぞれの手続きのポイントがよくわかります。

後悔しない高齢者施設・住宅の選び方

岡本典子
定価 本体 1600円（税別）

介護施設、高齢者向け住宅の種類から、それぞれのメリット・デメリット、費用の考え方、契約の注意点、退去のリスクまで、探し方のポイントと手順をわかりやすく紹介します。

新版 子連れ離婚を考えたときに読む本

新川てるえ
定価 本体 1400円（税別）

「子連れ」離婚を考える際に直面する問題について、後悔しない対応をするための情報・ノウハウをまとめました。必要な手続きやさまざまな問題の対処法、実践的なアドバイスが満載です。

定価変更の場合はご了承ください。